马克思主义简明读本

人民代表大会制度

丛书主编：韩喜平

本书著者：李彦秋

编委会：韩喜平　邵彦敏　吴宏政
　　　　王为全　罗克全　张中国
　　　　王　颖　石　英　里光年

吉林出版集团股份有限公司

图书在版编目（CIP）数据

人民代表大会制度/李彦秋著.——长春:吉林出版集团股份有限公司，2013.9（2021.2重印）
（马克思主义简明读本）

ISBN 978-7-5534-2622-8

Ⅰ.①人… Ⅱ.①李… Ⅲ.①人民代表大会制—中国 Ⅳ.①D621

中国版本图书馆CIP数据核字(2013)第174270号

人民代表大会制度
RENMIN DAIBIAO DAHUI ZHIDU

丛书主编：	韩喜平
本书著者：	李彦秋
项目策划：	周海英　耿　宏
项目负责：	周海英　耿　宏　宫志伟
责任编辑：	宫志伟
出　　版：	吉林出版集团股份有限公司
发　　行：	吉林出版集团社科图书有限公司
电　　话：	0431-81629720
印　　刷：	永清县晔盛亚胶印有限公司
开　　本：	710mm×960mm　1/16
字　　数：	100千字
印　　张：	12
版　　次：	2013年9月第1版
印　　次：	2021年2月第3次印刷
书　　号：	ISBN 978-7-5534-2622-8
定　　价：	36.00元

如发现印装质量问题，影响阅读，请与出版方联系调换。

序　言

习近平总书记指出，青年最富有朝气、最富有梦想，青年兴则国家兴，青年强则国家强。青年是民族的未来，"中国梦"是我们的，更是青年一代的，实现中华民族伟大复兴的"中国梦"需要依靠广大青年的不断努力。

要提高青年人的理论素养。理论是科学化、系统化、观念化的复杂知识体系，也是认识问题、分析问题、解决问题的思想方法和工作方法。青年正处于世界观、方法论形成的关键时期，特别是在知识爆炸、文化快餐消费盛行的今天，如果能够静下心来学习一点理论知识，对于提高他们分析问题、辨别是非的能力有着很大的帮助。

要提高青年人的政治理论素养。青年是祖国的未来，是社会主义的建设者和接班人。党的十八大报告指出，回首近代以来中国波澜壮阔的历史，展望中华民族充满希望的未来，我们得出一个坚定的结论——实现中华民族伟大复兴，必须坚定不移地走中国特色社会主义道路。要建立青年人对中国特色社会主义的道路自信、理论自信、制度自信，就必须要对他们进行马克思主义理论教育，特别是中国特色社会主义理论体系教育。

要提高青年人的创新能力。创新是推动民族进步和社会发展的不竭动力，培养青年人的创新能力是全社会的重要职责。但创新从来都是继承与发展的统一，它需要知识的积淀，需要理论素养的提升。马克思主义理论是人类社会最为重大的理论创新，系统地学习马克思主义理论有助于青年人创新能力的提升。

要培养青年人的远大志向。"一个民族只有拥有那些关注天空的人，这个民族才有希望。如果一个民族只是关心眼下脚下的事情，这个民族是没有未来的。"马克思主义是关注人类自由与解放的理论，是胸怀世界、关注人类的理论，青年人志存高远，奋发有为，应该学会用马克思主义理论武装自己，胸怀世界，关注人类。

正是基于以上几点考虑，我们编写了这套《马克思主义简明读本》系列丛书，以便更全面地展示马克思主义理论基础知识。希望青年朋友们通过学习，能够切实收到成效。

韩喜平

2013年8月

目 录

引 言 / 001

第一章　人民代表大会制度总论 / 004

　　第一节　人民代表大会制度的基本内容 / 004

　　第二节　人民代表大会制度的原则 / 023

　　第三节　人民代表大会制度的坚持和完善 / 032

第二章　人民代表大会制度的历史沿革 / 054

　　第一节　人民代表大会制度的理论来源 / 054

　　第二节　人民代表大会制度的实践探索 / 061

　　第三节　人民代表大会制度的确立和发展 / 077

第三章　人民代表大会的组织体制 / 092

　　第一节　全国人民代表大会及其常务委员会 / 092

第二节　地方各级人民代表大会及其常务委员会 / 103

第三节　全国人民代表大会

　　　　和地方各级人民代表大会的关系 / 112

第四章　人民代表大会的职权 / 117

第一节　人民代表大会职权的分类 / 117

第二节　人民代表大会的立法权 / 118

第三节　人民代表大会的监督权 / 127

第五章　人民代表大会的维系运行制度 / 141

第一节　人民代表大会的选举任免制度 / 141

第二节　人民代表大会的会议制度 / 154

第三节　人民代表大会的联系制度 / 173

引　言

中国的人民代表大会，不但是国家的权力机关，而且是一个体现民意的机关，是人民代表大会制度运行的主要载体。

人民代表大会制度是以人民代表大会为核心和内容的一种国家政权组织制度。

1954年9月15日，中国第一届全国人民代表大会第一次会议在北京举行。这标志着人民代表大会制度在中国范围内系统地建立起来。

自此以后，人民代表大会制度在中国的政治、经济和社会生活中发挥了积极而巨大的作用，不仅把全国各族人民的意志集中到建设社会主义事业中来，而且为广大人民群众充分行使各项民主权利提供了现实途径和制度保障。

人民代表大会制度是中国共产党领导中国人民进行的伟大创造，是中国的根本政治制度。在人民代表大会制度的保障下，国家的一切权力属于人民。人民行使国家权力的机关是全国人民代表大会和地方各级人民代表大会。人民依照宪法和法律规定，通过各种途径和形式，管理国家事务，管理经济和文化事业，管理各项社会事务。全国人民代表大会和地方各级人民代表大会都由民主选举产生，对人民负责，受人民监督。国家行政机关、审判机关、检察机关都由人民代表大会产生，并对人民代表大会负责，受人民代表大会监督。

这样的一种政治制度，最有利于实现中国共产党的领导、人民当家做主和依法治国的统一，最有利于发展社会主义民主政治和建设社会主义政治文明。

在国际社会上，人民代表大会制度也获得了肯定。许多国家的资深学者纷纷发表讲话，盛赞人民代表大会制度的成功。

他们普遍认为，一个国家的政治制度是由本国人民选择的，必须满足广大人民的民主需求，适合本国的基本国情，并逐渐发展和完善起来，那些照搬、照抄别国民主制度的国家，无不面临各种问题。世界上没有哪两个国家的政治模式，是完全相同的。各国都有权并应该根据本国实际，去选择和设计政治制度。而各国的国情千差万别,所以也就不会有完全相同的政治模式。

一个良好的政治制度必须以适配性和有效性为原则,人民代表大会制度就是如此。

人民代表大会制度是具有中国特色的民主政治制度,是中国人民经过几代人的艰苦努力才摸索出来的。这一制度,满足了人民群众的民主诉求,体现了广泛的代表性,将国家引领上正确的发展轨道。几十年来,中国的经济和社会发展取得了举世瞩目的伟大成就,并同世界各国保持良好的合作关系,在面对各种自然灾害和国际金融危机等挑战时反应迅速,充分显示了这种政治制度的优越性。

实践证明,人民代表大会制度适合中国的国情,最大限度地实现了人民当家做主的要求,有利于中国社会的发展。

第一章　人民代表大会制度总论

人民代表大会制度的内涵非常丰富。这些丰富的内涵,在现实中体现为一系列重要的原则,并形成了一系列重要的制度,决定了人民代表大会这一机构在中国政治生活中不可替代的地位。

第一节　人民代表大会制度的基本内容

人民代表大会制度是中国的根本政治制度。

那么,什么是政治制度?中国有哪些重要的政治制度?为什么说人民代表大会制度是中国的根本政治制度?这些问题相互联系在一起,需要我们从一些基本的概念出发来理解。

政治制度是指社会政治领域中要求政治实体遵行的各类准则或规范。它是整个社会制度,包括政治、经济、文化制度的一部分。它的中心内容是国家政权的行为准则，具有相当多的层次结构，也就是说，它既包括一些根本性的制度，也包括各类具体的制度。

具体来说，中国主要的政治制度有：人民代表大会制度、选举制度、国家元首制度、民族区域自治制度、国家行政制度、司法制度、军事制度、干部人事制度、人民直接参与制度、中国共产党领导的多党合作和政治协商制度，等等。

这些制度中，各种制度的地位和重要性是完全不同的，其中，人民代表大会制度是中国的根本政治制度，其他制度归根结底都是在人民代表大会制度的基础上产生的。

一、国体、政体和人民代表大会制度

国体就是社会各阶级在国家中的地位。即国家的阶级性质，包括哪个阶级是统治阶级，哪个阶级是被统治阶级，对谁实行民主，对谁实行专政等。它标志着国家权力的归属。

按照这一观点，马克思主义把历史上的国家分为四类或四种国体，即：奴隶制国家、封建制国家、资产阶级国家和无产阶级国家。

政体是指统治阶级用来组织自己的政权、实现国家权力的组织形式，是统治阶级为了反对敌人、维护自己而组织起来的政权体系。

按照马克思主义经典作家的论述，剥削阶级国家的政体可归纳为两大类，即君主制和共和制。

君主制以世袭和终身任职的君主为国家元首，君主全部或部分地、实际或形式地掌握最高国家权力。根据君主实际享有的权限不同，君主制可以分为专制君主制和立宪君主制两种。

共和制是指国家最高权力机关和国家元首都由选举产生，并有一定任期的政体形式。根据议会和总统的相互关系及职权不同，共和制可分为总统共和制和内阁共和制。

在马克思主义经典作家看来，国家的政权组织形式，即政体，是由国家本质即国体决定的。但政体作为一种相对独立的政治外壳，不是一成不变的。由于各国的具体历史条件不同，本质相同的国家也可能采取不同的政体。客观条件变化了，统治阶级可以根据自己的需要，对政体进行某种调整，以适应自己的政治统治。

中国的国体或国家本质是人民民主专政，政体或政权组织形式就是人民代表大会制。

人民代表大会制度，是根据民主集中制的原则，通过民主选举产生全国人民代表大会和地方各级人民代表大会，以人民代表大会为基础，组成整个国家机构，实现人民当家做主的一种政权组织形式。

它是中国共产党长期进行人民政权建设的经验总结，符合中国国情，与人民民主专政的国家性质相适应。

宪法规定，中华人民共和国的一切权力属于人民。人民行使国家权力的机关是全国人民代表大会和地方各级人民代表大会，这是人民代表大会制度的核心内容。宪法还规定，民主集中制是中国国家机构的基本原则。这个原则是建立在国家的一切权力属于人民的基础上的。整个国家机构就是按照一切权力属于人民和民主集中制的原则组成并运转的。

按照国体与政体区分的理论，人民代表大会制度是中国根本的政治制度，因为其他的国家政治制度都是在它的基础上建立起来的。

二、宪法和人民代表大会制度

宪法是人民代表大会制度的确立和实施依据。《中华人民共和国宪法》对人民代表大会制度的主要内容，作出了具体规定。

根据宪法的规定，人民代表大会制度的主要内容，有以下五个方面：

第一，全国人民代表大会和地方各级人民代表大会都由民主选举产生，对人民负责，受人民监督。

如果不是民主选举产生的，就不能称为人民代表大会。

这种选举的实质是一种委托，即人民把属于自己的权力，委托给自己选出的代表，由这些代表代表人民去行使国家权力。

人民代表大会制度的选举制度，表明了人民代表大会权力的渊源，即这些权力来自人民。人民代表大会，必须代表人民的利益和意志行使权力，对人民负责，受人民的监督。

正是因为人民代表大会代表的权力来自人民，选民或选举单位可以依照法定程序，罢免自己选出的人民代表大会代表。

第二，国家行政机关、审判机关、检察机关都由人民代表大会产生，对它负责，受它监督。

这是指人民代表大会作为国家权力机关，与政府、法院、检察院的关系。

人民代表大会行使国家权力，立法权、监督权、决定重大事项权、选举和任免权等具有决定性意义的权力，同时通过制定宪法和法律，把人民委托给它的一部分权力，授予由它产生的政府、法院、检察院等国家机关，分别行使国家的行政权、审判权、检察权。

所以，从权力关系看，国家行政机关、审判机关和检察机关的权力来源，都是人民代表大会。

第三，中央和地方的国家机构职权的划分，即中央和地方关系上，遵循在中央的统一领导下，充分发挥地方的主动性、积极性的原则。

全国人民代表大会及其常委会与地方人民代表大会及其常务委员会之间，不是领导关系，而是法律监督关系、工作联系关系和一定的指导关系；国务院对地方各级人民政府是领导关系；全国人民代表大会及其常务委员会、国务院决定了的事情，地方必须遵照执行，同时给地方以充分自主权。

这样，既有利于统一领导，又便于发挥地方的积极性，加快社会主义现代化建设。

第四，人民代表大会及其常务委员会集体行使职权，按照少数服从多数的原则民主决定问题。

全国性的重大问题，经过全国人民代表大会及其常务委员会讨论决定；地方性的重大问题，经过地方人民代表大会及其常务委员会讨论决定，而不是由一个人或少数几个人决定。这样，就使得国家权力不是掌握在一个人或少数人手中，而是真正掌握在全体人民手中。

为了从根本杜绝对属于人民的权力的滥用，就必须使人民代表大会及其常务委员会的工作在法治的轨道上运行。为此，人民代表大会及其常务委员会制订了一系列会议规则和工作制度，以确保人民代表大会及其常务委员会的决策，遵循民主和科学的原则，这也是人民代表大会制度的一个重要内容。

第五，各少数民族聚居的地方实行区域自治。

民族自治地方的国家机关行使宪法和法律赋予的一般地方国家机关的职权，并享有宪法和法律赋予的自治权。

以上五个方面，构成了中国人民代表大会制度的基本内容。宪法对人民代表大会制度的内容作了明确的、系统的规定，不能把人民代表大会制度仅理解为人民代表大会及其常务委员会的各项制度，也不能把人民代表大会制度同国家机构的具体组织制度和其他方面的制度等同起来。

三、人民代表大会和人民代表大会制度

人民代表大会，是依照宪法和法律行使国家及地方权力的各级国家权力机关。

人民代表大会制度，不是某一机构或组织的特定称谓。它是以人民代表大会这一机构为核心的国家政权组织形式。

可见，人民代表大会和人民代表大会制度是两个不同的概念。前者，是指一个具体的国家机关；后者，是指以这一机关为核心和内容的一套国家政权组织制度，它不仅包括这一机关本身的组织、职权，还包括这一机关与公民和其他国家机关的关系。

尤其应该强调的是，这里讲的是与其他国家机关的关系，不包括其他国家机关各自的具体制度。因此，人民代表大会制度不包括国家行政、审判、检察机关的具体制度，而仅仅是讲人民代表大会与这些机关之间的关系。

如果把各国家机关的具体制度包括进来，那就是把人民代表大会制度与国家政治制度和国家机构体系等同起来。

四、人民代表大会和人民

人民代表大会是国家权力机关,而它的权力来自人民。

因此,人民代表大会和人民的关系是,人民代表大会应绝对服从人民的意志。根据人民代表大会的权力来源来看,因为人民代表大会是由人民选举的代表组成的,所以人民代表大会的权力是由人民赋予的,正因为它的权力来自人民,它就应该向人民负责,受人民监督。

这种权力关系,决定了人民代表大会的职责。这就是它必须代表人民的意志,反映人民的要求,维护人民的利益,并且实现人民的意志和利益。

人民代表大会是由人民代表大会代表组成,人民代表大会代表来自于人民群众,人民代表大会与人民群众的关系极为密切。胡锦涛反复强调,要立党为公,执政为民,做到权为民所用,情为民所系,利为民所谋。吴邦国也强调,人民代表大会工作的最大优势是密切联系群众,最大的危险是脱离群众。离开了广大人民群众,人民代表大会就成了无源之水、无本之木;深入人民群众,它就会获得新鲜的血液、巨大的能量和无尽的智慧,它的职能作用就会更好地发挥。

长久以来，中国人民代表大会制度的建设实践中，对人民代表大会和人民的关系重视不够。这不利于提高人民代表大会制度在人民群众心目中的地位，也不利于人民群众增强对人民代表大会制度的了解。

要改变这种状况，一方面要从观念上强调人民代表大会应服务、服从于人民群众的意志和利益，另一方面必须从人民代表大会制度上保证人民群众的意志在人民代表大会的工作中体现出来，使人民群众的利益得到维护和实现。

五、人民代表大会和党的领导

中国共产党是执政党，党的执政地位是通过党对国家政权机关的领导来实现的。如果党放弃了这种领导，就谈不上执政地位。因此，各级政权机关，包括人民代表大会、政府、法院、检察院等都必须接受党的领导，坚决贯彻党的路线、方针、政策。

但是，党和政权机关的性质不同、职能不同，组织形式和工作方式也不同，她不具有超越法律之上的特权。她必须在宪法和法律的范围之内活动，因此，她不能代替人民代表大会行使国家权力。

党的机关不是国家机关，党的职能不应混同于政府职能。中国共产党非常重视发展社会主义民主，健全社会主义法制，强调在坚持党的领导和人民民主专政的基础上，健全人民代表大会制度，处理党和人民代表大会的关系也有了比较明确的原则。

邓小平指出，党的工作的核心是领导和支持人民当家做主。江泽民指出，党的领导是政治领导、思想领导、组织领导，主要通过政治原则、政治方向、重大决策的领导和思想政治工作，向政权机关推荐重要干部等来实现。

党的十六大报告要求，坚持和完善人民代表大会制度，保证人民代表大会及其常务委员会依法履行职能，保证立法和决策更好地体现人民的意志，同时，支持人民代表大会依法履行国家权力机关的职能，经过法定程序，使党的主张成为国家意志，使党组织推荐的人选成为国家政权机关的领导人员，并对他们进行监督。这就为正确处理党的领导和人民代表大会的关系提供了基本指针。

首先，坚持党的领导和支持人民代表大会工作、发挥人民代表大会的职能不是对立的，而是统一的。统一于建设社会主义民主和法治这一根本任务。

党领导人民建立权力机关，不是为了民主的形式，而是为了让人民通过自己的权力机关——人民代表大会，成为国家的、社会的主人。

在中国，人民行使当家做主权利的机关是全国人民代表大会和地方各级人民代表大会。因此，要真正实现人民当家做主，就必须坚持和完善人民代表大会制度。

要以对人民高度负责的精神，切实保证人民代表大会及其常务委员会依法履行国家权力机关的职能，加强立法和监督工作，密切人民代表大会代表同人民群众的联系。要把改革和发展的重大决策同立法结合起来，逐步形成深入了解民情、充分反映民意、广泛集中民智的决策机制，推进决策科学化、民主化，提高决策水平和效率，真正实现人民管理国家和社会事务。

其次，党只有通过人民代表大会，才能去依法开展自己的执政工作。

执政党的使命就是要领导和支持人民掌握管理国家的权力。共产党对国家政权的领导，主要应通过人民代表大会来实现。只有通过人民代表大会，才会充分发挥党的合法而有效的执政作用，也只有通过人民代表大会才能巩固党的执政地位。

第三，要处理好党的领导与人民代表大会的关系。中国共产党的活动要遵守宪法和法律，接受宪法监督；党对人民代表大会有领导作用，但这种领导只能体现在宪法规定的权限之内；这种领导关系的实现方式和途径，一是党通过倡导和宣传其正确的路线、方针、政策，影响国家权力机关的立法决策；二是党向国家权力机关提出立法建议；三是党组织向人民代表大会推荐国家政权机构的领导人员。

六、人民代表大会和其他国家机关

综观世界各国对代议机关的性质规定，大致有以下三种情况：一是代议机关为国家最高权力机关，如英国、日本、澳大利亚、瑞典等国家。日本国宪法就明确规定国会是最高权力机关；二是代议机关为最高立法机关，美国国会即是如此。美国宪法第一条第一款规定，宪法授予的全部立法权，属于由参议院和众议院组成的合众国国会。因而，美国国会为最高立法机关，但不是最高权力机关；三是确定代议机关仅是立法机关，而非最高立法机关。这种代议机关权力较小，地位较低。法国就是如此。法国国会的立法权是有限的，有些法律当议会不予通过时，总统可以将法律直接提交公民表决。

中国宪法则规定，人民代表大会作为代议机关，其性质是国家权力机关。

全国人民代表大会是最高国家权力机关，地方各级人民代表大会是地方国家权力机关。

所谓最高国家权力机关，是指它代表全体人民在全国范围内，全面、独立地行使国家主权或统治权。

所谓地方国家权力机关，是指它能在所辖行政区域内代表人民，全面、独立地依法行使地区的统治权。

现代国家的国家机构，按照分工，一般由国家元首、立法机关、行政机关、司法机关和监督机关等组成。不论是资本主义国家，还是社会主义国家，代议机构都是整个国家机构中的中心机构。但是，在不同的国家中，代议机构的地位，以及它和其他国家机构的关系是不一样的。

中国宪法对人民代表大会与其他国家机关的关系规定得非常清楚。

在从中央到地方的国家权力体系中，全国人民代表大会处于国家权力的顶层，它集中全国人民的意志，在全国范围内行使最高国家权力。

在各级政权机关中,人民代表大会与其他国家机关是主从关系、产生与被产生的关系、监督与被监督的关系。这些关系表现在:

在法律关系上,对于全国人民代表大会及其常务委员会制定的法律和作出的决定,各级国家机关都必须遵守。对于有立法权的地方人民代表大会及其常务委员会制定的地方性法规,在该级行政区域内的地方国家机关必须遵守。

在组织上,其他国家机关,即行政、审判、检察和军事等机关都由人民代表大会及其常务委员会选举、任命产生。根据宪法规定,各级政府的正、副职领导人和审判、检察机关的正职领导人都由本级人民代表大会选举产生,上述国家机关的其他组成人员由人民代表大会或其常务委员会决定或任命。由人民代表大会及其常务委员会选举或任命的国家机关领导人,由人民代表大会罢免或撤职。

在工作上,其他国家机关向人民代表大会及其常务委员会负责。他们每年定期向人民代表大会报告工作,并经常就某方面、某部门的工作向人民代表大会常务委员会报告或向有关专门委员会汇报。

人民代表大会及其常务委员会还对执行机关的行为，实施全面的监督。这些监督包括法律监督和工作监督。人民代表大会监督法律、法规的执行情况和人民代表大会及其常务委员会的决议、决定执行情况，监督中央和地方各级领导人履行职责、守法廉政情况，还有权对执行机关及其领导人员的违法、滥用职权和失职行为提出质询、调查，直至罢免、撤职。

七、人民代表大会和国家政治生活

人民代表大会的性质和地位，决定了人民代表大会在国家政治生活中的作用。

人民代表大会对国家政治生活的影响巨大，无可替代。

第一，人民代表大会是实现社会主义民主的根本途径。

中国是工人阶级领导的、以工农联盟为基础的人民民主专政的社会主义国家。国家的这一性质决定了，在中国，人民是国家和社会的主人。十三亿多人民管理国家，总得有个组织形式。这个组织形式，就是全国人民代表大会和地方各级人民代表大会。它能够便于人民行使自己当家做主的政治权力，能够便于人民群众经常通过它参加国家的管理，从而得以充分发挥人民群众的积极性和创造性。人民代表大会是全国人民管理国家的基本组织形式,是我们在政权工作中走群众路线的最好的、最有效的、最重要的形式。

第二,人民代表大会使政府的权力具有合法性。

现代政治文明要求,任何政治权力的行使都必须具备合法性,也就是基于人民的同意。因此,对于现代政治来说,合法的政府,是由民主选举产生的政府。

人民代表大会是人民选举产生的机关,再由它来选举产生政府,从而政府的产生就获得了人民的同意,使政府具有合法性,并使政府具有人民政权的性质。政府的行为之所以有权威,就是因为它的权力来自人民,通过法律的形式得到了人民的同意,并且能遵从民意,维护人民的利益。人民通过人民代表大会监督政府,使政府不得滥用权力,严格依法办事。而这一切都有赖于人民代表大会这种形式来实现。

第三,人民代表大会制度是维护国家统一、民族团结的有效组织形式。

在中国,民族问题是关系到祖国统一、边防巩固、安定团结的重要战略问题。中华人民共和国的建立,提供了解决民族问题的政治前提,但少数民族人民在本民族地区当家做主、管理本民族内部事务的问题还需要具体的组织形式来解决。根据中国国情，我们没有采取联邦制，而是在少数民族聚居地方，实行民族区域自治，而人民代表大会制度则保证了民族区域自治的顺利实行。中国通过人民代表大会的形式，来保证各民族人民当家做主、管理国家大事的权力，因为人民代表大会的组成具有广泛的代表性。法律规定，全国各少数民族不论人口多少，都至少有一人参加全国人民代表大会的工作，地方各级人民代表大会都应有少数民族的代表参加，从而使人民代表大会能充分反映各民族人民的意志和利益，保证各民族人民当家做主的权力。由于有这样一种能包容各民族代表的国家政权组织形式，从而使它具有维护国家统一和民族团结的功效。

第四，人民代表大会是联系群众、反映民意的根本途径。

中国的人民代表大会是反映人民群众意见和要求的主要民主渠道。社会主义社会有大量的人民内部矛盾需要解决，有各种利益关系需要调整，人民群众有各种意见和要求需要表达，这些意见和要求都需要通过一定的制度形式和途径来得到满意的解决。各级人民代表大会及其常务委员会的一个重要作用，就是通过联系广大人民群众，拓宽民主的渠道，严格按照民主集中制原则和法律程序行使职权，准确、全面地反映人民群众的意见和要求，并且及时、有序地调解人民内部的利益和矛盾，形成一个安定团结的政治局面，从而保障和促进中国的改革开放健康地发展，保障和促进社会主义市场经济和现代化建设事业的顺利进行。

第五，人民代表大会是国家稳定的重要机制。

民主和法制是国家长治久安的根本保障。法制不健全会导致政府行为没有限制和约束，权力不受制约，人民群众的利益得不到保护，社会就没有秩序，国家也就不可能稳定。国家政治生活中缺少民主，就会导致个人专权，在国家重大决策上失误就多，政策不连贯，社会主义建设就无法正常进行。如果人民代表大会这一民意渠道能够畅通，群众的意见和要求能得到反映和表达，群众的利益通过正式的、正当的渠道得到维护和保障，也就不会产生周期性的群众运动和政治动荡。人民代表大会的建立和法制的健全，使政府有所约束，百姓有所遵循。社会有规则，国家就会有秩序，社会就能走上持续、稳定、健康发展的道路。

第二节　人民代表大会制度的原则

人民代表大会制度的原则，就是指建立、组织人民代表大会制度的那些指导思想和本质精神。

根据宪法规定，人民代表大会制度的原则可分为根本原则和组织原则两个层次。人民代表大会制度的根本原则就是"一切权力属于人民"，组织原则就是"民主集中制"。

一、根本原则：一切权力属于人民

宪法第二条规定，国家的"一切权力属于人民。人民行使国家权力的机关是全国人民代表大会和地方各级人民代表大会"。

国家的"一切权力属于人民"这一原则，其渊源可以追溯到"主权在民"，即"人民主权"的理论。

这一理论的创始人是法国的思想家卢梭。根据"主权在民"的理论，资产阶级国家创造了代议制形式，其意图是让人民选举代表机构，由它来行使人民委托给它的权力，即由它来制定法律，并促使其他国家机关执行法律。

资产阶级学者提出了"主权在民"的原则，但这一原则只有在社会主义制度下才能真正实现。

资产阶级国家，不管怎样标榜"民主"，其实都是少数人的民主。他们所谓的分权，不管怎么分，哪一项权力也不可能分到无产阶级和劳动人民手中，国家的权力实际上控制在资产阶级手中。

马克思主义在吸收资产阶级启蒙思想家"主权在民"思想精华后，提出国家一切权力属于广大劳动人民的观点，并把它作为政权建设的根本原则。

实现这一原则的方式，就是由人民选举代表机关，让代表机关掌握一切国家权力，管理国家事务，并且由人民对这一机构及其组成人员进行监督，实施罢免。这一形式在中国就表现为人民代表大会制度。

人民代表大会制度将国家的"一切权力属于人民"这一原则体现在具体的制度设计和实践中。

首先，人民代表大会及其常务委员会是由人民选举产生的，同人民群众保持密切联系，具有广泛的群众基础。它要对人民负责，受人民监督。人民有权依法罢免自己选出的代表，下级人民代表大会可以依法罢免由它选出的上一级人民代表大会代表。

其次，其他一切国家机关，都是在人民选举产生的人民代表大会基础上产生的，由它选举和任命国家重要领导人，决定国家的重大事情。

第三，国家机关和国家机关工作人员接受人民的监督。宪法规定，在人民代表大会制度下，一切国家机关和国家公职人员，都要受到人民群众的监督。公民对国家机关的工作有提出批评、建议、意见的权利，对国家公职人员的违法失职行为有检举、控告、申诉的权利，任何人不得打击报复。

第四，一切权力属于人民，还表现在人民代表大会制度建立了法制统一系统，通过法制来保障权力为人民所有。

宪法对人民代表大会及其常务委员会权力的行使，有严格的规定。例如，宪法规定，全国人民代表大会有权改变或撤销它的常务委员会不适当的决定；全国人民代表大会常务委员会有权撤销国务院和省级国家权力机关制定的同宪法、法律相抵触的行政法规和地方性法规、决定和命令；县以上地方各级人民代表大会有权改变或撤销它的常务委员会不适当的决定；县以上地方各级人民代表大会常务委员会可撤销本级人民政府不适当的决定和命令，并可撤销下级人民代表大会不适当的决议等。正是通过这些严肃的法律制度，来确保人民代表大会常务委员会服从人民代表大会，国家行政机关服从国家权力机关，下级国家机关服从上级国家机关，从而最终确保一切国家机关服从于人民的意志和利益，使一切权力真正属于人民。

二、组织原则：民主集中制

宪法第三条规定，民主集中制是国家机构的组织原则，是党和国家的根本组织制度与领导制度。

民主集中制这一概念，在马克思和恩格斯这两位革命导师的著作中没有出现过，但他们论述过民主与集中这一对关系。

早在1847年，马克思和恩格斯在为共产主义者同盟起草的章程中，就对如何实行民主和集中作了若干具体规定："同盟的组织机构是支部、区部、总区部、中央委员会和代表大会"；"代表大会是全盟的立法机关"，"中央委员会是全盟的权力执行机关"；"所有盟员一律平等"；盟员要"服从同盟的决议"等等。恩格斯还曾指出，组织本身是完全民主的，它的各委员会由选举产生并随时可以罢免。因此，尽管马克思和恩格斯都不曾明确提出过民主集中制的概念，但他们的这些思想，为民主集中制的创立奠定了坚实的思想和理论基础。

真正提出民主集中制原则的是列宁。他在1905年，为克服党内的小组习气，提出制定党章来统一俄国社会民主党的意志，为此必须实行彻底的民主集中制。后来，"民主集中制"这一概念，从最初的党建原则扩展到国家制度建设上。

但列宁在国家制度方面，谈到民主集中制，针对的是俄国当时要在多民族的情况下，建立集中统一的中央政权。他提出的民主集中制，就是解决地方自治和中央集权问题的手段。

中国共产党最初就把民主集中制，作为政权的组织原则。毛泽东认为，民主是指政府的产生、国家的权力以人民的支持为基础，集中是指行政权力要集中统一行使，去执行民主机关制定的法律、政策。1954年宪法正式将民主集中制确立为国家政权的组织原则。

现行宪法第三条对民主集中制的原则有专门规定："国家机构实行民主集中制的原则。"对民主集中制原则的基本内容作了三方面的表述，有关国家机关的组织和活动的各项条文规定中，也对民主集中制原则有充分的体现：

第一，全国人民代表大会和地方各级人民代表大会都由民主选举产生，对人民负责，受人民监督，这是人民代表大会制度民主性的最根本的体现。

现行宪法规定，中国各级人民代表大会都由民主选举产生。《中华人民共和国全国人民代表大会和地方各级人民代表大会选举法》规定，全国人民代表大会的代表，省、自治区、直辖市、设区的市、自治州的人民代表大会的代表，由下一级人民代表大会选出；不设区的市、市辖区、县、自治县、乡、民族乡、镇的人民代表大会的代表，由选民直接选出。同时，各级人民代表大会机关都必须对人民负责，接受人民监督。人民有权对人民代表大会代表进行监督和罢免，才能保证人民代表大会代表模范地遵守宪法，代表广大人民的利益和意志办事。

这些规定充分体现了中国各级人民代表大会是真正的人民代表机关。

第二，国家行政机关、审判机关、检察机关都由人民代表大会产生，对它负责，受它监督。这表明各级人民代表大会机关，是真正行使国家权力的机关，能够讨论和决定国家政治生活中的重大问题，并监督其实施。人民通过各级人民代表大会，能够集中和统一行使国家权力。

第三，在中央和地方的关系上，遵循下级服从上级、地方服从中央的原则。全国人民代表大会统一行使最高国家权力，它所作出的决议、决定，各地都必须遵照执行。这种集中是以高度民主作基础的。人民代表大会及其常务委员会的组成和工作程序都是民主的，经过民主协商，按照少数服从多数的原则决定问题。在广泛民主基础上的集中，既避免权力过分集中，又避免不必要的牵制，使国家的各项工作能够有效地进行。

三、人民代表大会制度不实行"议行合一"原则

"议行合一"原则，是马克思、恩格斯在总结巴黎公社政权建设的经验时，提出的新型无产阶级国家政权的组织原则。

中国人民代表大会制度的某些理论来自巴黎公社的实践，那么"议行合一"这一原则，在中国的人民代表大会制度中是否有所体现呢？

理论和实践表明,"议行合一"这一原则,并非中国人民代表大会制度的组织原则,但它对人民代表大会制度产生过深刻影响。

马克思、恩格斯总结的巴黎公社的"议行合一"原则,是指代议机关和行政机关合而为一。制定法律的机关,同时又负责执行法律,代表机关的成员又是执法部门的领导。

列宁也坚持这一主张,认为苏维埃既是制定法律的机关,同时又是执行法律的机关。这一理论在苏联的社会主义建设实践中,曾经有过一段时期的具体体现,就是1918年至1924年苏联宪法确立的政体。但是,从1936年宪法起,苏维埃的立法和行政职能开始有明显的区分,因而"议行合一"的本质特征,已经大部分消失。

中国1954年宪法建立的人民代表大会制度,借鉴了苏联1936年宪法的体制,所以人民代表大会制度从一开始就不实行"议行合一"原则。

当然,中国的政权设置,是带有"议行合一"痕迹的。如有些政府官员同时是人民代表大会代表,人民代表大会作出决定后,又去监督政府的执行等情况。但是,不能以此证明这就是"议行合一"。因为,中国并不是所有的政府组成人员都是人民代表大会代表，更没有要求政府组成人员必须或应该是人民代表大会代表。

实际上，各级政府的组成人员多数已不是人民代表大会代表。

马克思、列宁所讲的"议行合一"的本质特征，是指国家政权不分立法和行政两套机关、两班人马，而是将旧式国家机器的这两个机关、两种职权合而为一，立法和组织执行的人也是一身两任。

而中国人民代表大会制度的现实情况是，由人民代表大会及其常务委员会组织产生行政、审判、检察机关。人民代表大会及其常务委员会为专门议事、监督机关，各级政府和审判、检察机关专事执行法律即行政和司法事务。

所以，中国的国家权力机关及其执行机关，从组织上和职能上是明确区分的。宪法也明确规定了它们不同的职责，并要求它们各自依法独立行使职权。权力机关依法进行立法和监督，但不能直接干涉或代替行政机关的职权。为加强人民代表大会常务委员会的独立性和人民代表大会常务委员会组成人员的专职化，宪法还专门规定，人民代表大会常务委员会组成人员不得同时担任行政、审判、检察机关的职务。

从这些重要制度来看，中国现行的政权组织形式，并不是按照"议行合一"的原则建立的。

澄清中国的人民代表大会制度，不实行"议行合一"原则，具有重要意义。因为如果把"议行合一"，作为中国人民代表大会制度的组织原则，不利于健全和完善人民代表大会制度，会削弱人民代表大会作为国家权力机关的地位和作用，不利于人民代表大会对行政、审判、检察等机关的监督和制约；会混淆各个国家机关的权力界限，不利于各个国家机关依法行使职权，容易导致人民代表大会越权干涉行政、司法等工作；不利于人民代表大会加强自身的建设，会导致人民代表大会组成人员与政府官员一身二任，实践上会使得某些重要官员自己监督自己的现象出现，不利于人民代表大会实现其监督职能。

第三节　人民代表大会制度的坚持和完善

人民代表大会制度的实质是人民至上，以民为本。因此，要真正实现人民当家做主，必须坚持人民代表大会制度，并且在坚持中进一步完善这一制度，从而努力建设中国特色社会主义政治文明。

一、人民代表大会制度是中国的根本政治制度

宪法所确立的人民代表大会制度，涵盖了中国政治制度的主要方面和重要内容，是中国社会主义民主政治的集中体现，也是中国社会主义现代化建设事业不断得到健康发展的最可靠的政治基础和制度依据。因此，它是中国的根本政治制度。

人民代表大会制度是中国的根本政治制度，这一说法有一个演变的过程。

最初，是1954年刘少奇在《关于中华人民共和国宪法草案的报告》中谈到的，宪法草案第二条规定："中华人民共和国的一切权力属于人民。人民行使权力的机关是全国人民代表大会和地方各级人民代表大会。"这个规定和其他条文的一些规定，表明中国的政治制度是人民代表大会制度。

刘少奇说，根据中国人民革命根据地政治建设的长期经验，并参照苏联和各人民民主国家的经验，1949年通过的《共同纲领》就确定了人民代表大会制度。1954年宪法草案，总结了五年以来国家机关工作的经验和各级各界人民代

表会议的经验,对中国的政治制度作出了更加完备的规定。这种政治制度,是同中国的国家性质相联系的。中国人民就是要用这样的政治制度来保证国家沿着社会主义的道路前进。

在《关于中华人民共和国宪法草案的报告》中,刘少奇还说:"我们国家的大事不是由一个人或少数几个人来决定的。人民代表大会制度既然被规定为国家的根本政治制度,一切重大问题就都应当经过人民代表大会讨论,并作出决定。全国性的重大问题,经过全国人民代表大会讨论和决定。在它闭会期间,经过它的常务委员会讨论和决定;地方性的重大问题经过地方人民代表大会讨论和决定。我国的人民代表大会就是这样能够对重大问题作出决定并能够监督其实施的国家权力机关。"

这是第一次在正式文献中,将人民代表大会制度称为中国的根本政治制度。在此之前,称之为基本政治制度。

具体分析,人民代表会议制度之所以是中国的根本政治制度,主要是因为:第一,它是政治力量的源泉;第二,它是各种国家制度的源泉。

人民代表大会制度之所以成为政治力量的源泉,是由于它直接反映着中国作为一个国家的阶级本质。它第一次将占人口绝大多数的劳动人民推上了国家主人翁的地位，为人民通过民主渠道管理国家事务提供了法律、制度保证。

有了人民代表大会制度，人民当家做主的地位及社会各阶层在国家中的地位就能正确地反映出来，就能吸引广大人民群众参加国家管理，实现工人阶级对国家的领导，巩固工农联盟，团结一切爱国力量，发扬社会主义民主，就能有效地打击敌人，实行对敌人的专政；有了人民代表大会制度，就能够根据国内外阶级力量的实际对比状况，根据国家和人民的需要，确定国家的大政方针，完成人民民主专政的历史任务。

人民代表大会制度之所以是各种国家制度的源泉，是由于它在中国整个国家政治制度体系中处于基础与主导地位。如军事、司法、教育、文化、卫生等制度，都是在人民代表大会制度的基础上产生的，并且或经过人民代表大会的批准，或由它授权的机关批准，才具有约束力，才能付诸施行。

人民代表大会制度的产生，不以任何制度为依据；相反，任何其他制度的产生，都要以人民代表大会制度为依据，不准违背，不准抵触。

综上所述，人民代表大会制度是中国的根本政治制度，它区别于作为中国基本政治制度的政治协商制度和民族区域自治制度，更区别于其他非基本的政治制度。

二、坚持人民代表大会制度，不实行三权分立

谈到人民代表大会制度，总会有人拿它同西方的"三权分立"作比较。有人认为，只有"三权分立"，才是真正的"民主"形式，才能保证政治体制的良性运转，因而，极力主张中国照搬西方政治制度模式，也搞"三权分立"。

坚持人民代表大会制度，不能实行"三权分立"是中国的一贯坚持。

"三权分立"是资本主义政治制度的重要组成部分，是指立法权、行政权和司法权这三种国家权力，分别由三个不同的国家机关掌握，相互独立，互相制衡。最初的"三权分立"是阶级分权，有削弱王权、反对封建的意义。

资产阶级统治稳固以后，"三权分立"演化为资产阶级内部，不同的利益集团之间的分权。资产阶级内部存在着大量的政治派别和利益集团，他们通过分权制约的方式，来协

调内部不同利益的冲突。

在中国，广大人民的根本利益是一致的，不存在根本利益不同的集团，因而也就没有"三权分立"赖以存在的社会基础。

有人认为，"三权分立"是现代国家治国理政的最佳政体。其实不然，从实行"三权分立"国家的实际来看，由于三权分立带来的权力中心之间的互相掣肘和拆台，往往造成几个权力机关各说一套，各行其是。在这种"民主"形式下，一些简单的事情常常被复杂化。相反，一些重大问题，却因为政客们为维护各自所代表的利益，互不相让而一再拖延、议而不决。这是"三权分立"制度的硬伤。

比如，1995年，美国国会和总统克林顿因财政预算的意见分歧僵持不下，互不让步。国会执意不通过预算案，而另提一个预算案，总统不妥协而宣布联邦政府关门。近20年来，由于国会与行政机关之间相互扯皮，美国政府曾六次面临关门的尴尬境地。

有人提出，"三权分立"是现代社会最"民主"的政体。其实，世界上从来没有抽象的、纯粹的民主，而只有具体的、一定历史条件下的民主。只要有不同的阶级存在，就不能说"纯粹民主",而只能说阶级的民主。"三权分立"反映的是资产阶级统治集团内部的"民主"。

事实上,西方国家设置三个机关来扮演互相制衡的不同角色,一定程度上确实可以避免某一个利益集团独揽权力,保证了统治集团内部的"民主"。但这种制度设计并不能保证人民的民主权利,因为参与制衡的每一方,都是某一利益集团的代表,不是人民的代表,甚至不是多数人的代表,不能保证权力行使的广泛代表性。

也有人提出,实行西方的"三权分立"制度可以有效地防止腐败。这与实际情况不相符合的。

比如,在西方的"三权分立"制度中,政治游说是相伴而生的产物,在当今资本主义国家,这已成为一种公开的政治腐败行为。据称,美国有游说公司2.5万多家,仅华盛顿就有近4000家,各类说客3.5万人。这些说客,或是游走于国会,或是出入于政府部门,穿梭于各种政治力量之间,为各个利益集团充当纵横捭阖的说客。前几年,美国波音、雷神等六大军火公司为得到国家导弹防御系统的合同,游说美国国会山,所投入公关费用就达5100万美元,而带来的直接和间接利益达千亿美元以上。

这些已被揭露出来的内幕，只是西方国家权力腐败的冰山一角。而且在"三权分立"制度下，权力分配形成了一个利益分配的共同体，很容易成为制度性腐败的共同体。

还有人认为，"三权分立"是所谓的"国际惯例"，具有"普世性"，所以中国也应实行。这种说法更没有道理的。

当今世界，并没有所谓"普世"的政治制度模式，各国的政治制度模式，都是依据各国具体国情和历史文化传统而确立的。即使西方主要国家，虽然理论上都搞"三权分立"，但具体形式却并不相同。

比如，在美国行政权、立法权、司法权三权并立，总统掌握最高行政权，可以说是相对较为典型的"三权分立"。但英国却是议会制，实行"议会至上"，立法权与行政权并不是分立的，甚至直到2005年之前，司法权也是不分立的。法国则属于半议会制半总统制，行政权占主导。德国、意大利、瑞典、挪威、丹麦、加拿大、日本等国，也未实行美国式的"三权分立"制度。事实表明，所谓"普世"的"三权分立"根本不存在。

人民代表大会制度和"三权分立"制度虽然都是政权组

织形式,但作为国家政体,这两种制度有着本质区别:

其一,人民代表大会与西方议会有着本质区别。人民代表大会没有议会党团,也不以界别开展活动。无论是代表大会,还是常务委员会或专门委员会,都不按党派分配席位。人民代表大会代表肩负的都是人民的重托,都是在中国共产党领导下依法履行职责,为人民服务,根本利益是一致的。

其二,人民代表大会和政府、法院及检察院的关系,与西方国家的国家机关间关系有着本质区别。中国是由人民代表大会统一行使国家权力,"一府两院"由人民代表大会产生,对人民代表大会负责,受人民代表大会监督。各国家机关分工不同、职责不同,都是在中国共产党领导下、在各自职权范围内贯彻落实党的路线方针政策和宪法、法律,不是西方的"三权分立"。

其三,人民代表大会代表与西方议员有着本质区别。全国人民代表大会代表,来自各地区、各民族、各方面,人口再少的民族也至少有一名代表,具有广泛代表性,不像西方议员是某个党派的代表。

必须指出,在中国搞"三权分立",既无政治基础和社会基础,更无经济基础和阶级基础。如果不顾中国的国情,违背人民的根本利益，照搬资本主义国家"三权分立"的政治制度，必然会从根本上动摇人民当家做主的政治地位，动摇中国政治稳定的根基，导致民主倒退，社会大乱，人民遭殃。

三、人民代表大会制度的优越性

确立人民代表大会制度为中国的根本政治制度，是历史发展的必然，也是因为人民代表大会制度本身具有其他任何形式的政治制度无法比拟的优越性。

自1954年宪法确立人民代表大会制度以来，人民代表大会制度不断得到巩固和完善，在保障人民行使当家做主的民主权利、巩固社会主义性质的国家政权等方面显示出强大的生命力。

第一，人民代表大会制度保障了人民当家做主。人民通过普遍的民主选举，产生自己的代表，组成各级人民代表大会。各级人民代表大会都对人民负责、受人民监督，有力地保证了全国各族人民依法实行民主选举、民主决策、民主管理、民主监督，享有宪法和法律规定的广泛的民主、自由和权利。

第二，人民代表大会制度动员了全体人民，以国家主人翁的地位投身社会主义建设。人民代表大会制度广泛调动了人民群众建设社会主义的积极性、主动性、创造性，把全国各族人民的力量凝聚起来，在中国共产党领导下，团结一心，艰苦奋斗，有领导、有秩序地朝着国家的发展目标前进。

第三，人民代表大会制度保证了国家机关协调高效运转。人民代表大会作为国家权力机关统一行使国家权力，实行民主集中制，集体行使职权，集体决定问题；国家行政机关、审判机关、检察机关由人民代表大会产生，对它负责、受它监督，合理分工、协调一致地工作，保证了国家统一有效地组织各项事业。

第四，人民代表大会制度维护了国家统一和民族团结。在中央统一领导下，合理划分中央和地方的职权，充分发挥中央和地方的积极性；各少数民族聚居的地方实行区域自治，巩固和发展平等团结互助的社会主义民族关系，实现全国各族人民的大团结。

人民代表大会制度是符合中国国情、体现中国社会主义国家性质、能够保证中国人民当家做主的根本政治制度，也是党在国家政权中充分发扬民主、贯彻群众路线的最好实现形式，同国家和人民的命运息息相关。这个制度健康发展，人民当家做主就有保障，党和国家的事业就能顺利发展；这个制度受到破坏，人民当家做主就无法保证，党和国家的事业就会遭受损失。长期以来，全国各族人民通过人民代表大会制度牢牢地把国家和民族的前途命运掌握在自己手中，这是我们国家和人民能够经得起各种风浪、克服各种困难、沿着社会主义道路前进的可靠制度保证，也是我们全面建设小康社会、实现中华民族伟大复兴的可靠制度保证。

四、坚持和完善人民代表大会制度的思考

坚持和完善人民代表大会制度，走中国特色社会主义的政治道路，方能为发展中国社会主义民主政治、建设社会主义政治文明提供可靠的保证，为人类的政治文明、制度文明的发展作出自己的贡献。

建国60多年来的实践证明，人民代表大会制度是适合中国国情、深受群众欢迎、具有强大生命力的根本政治制度。

人民代表大会制度，是中国共产党长期领导人民进行政权建设的经验总结，是党对国家事务实施领导的一大特色和优势。这一优势必须坚持，不能削弱。

在人民代表大会制度的形成、发展和完善过程中，有很多经验和教训。对此，一一整理和反思，有助于进一步坚持人民代表大会制度。

第一，人民代表大会制度是建设社会主义政治文明的根本途径。

建国以来的实践表明，坚持和完善人民代表大会制度，是发展社会主义民主政治，建设中国特色社会主义政治文明的根本途径。

中国的国体是人民民主专政，决定了广大人民群众是国家的主人，这是建设社会主义民主的基本前提。

在这个前提下，社会主义民主政治必须把人民当家做主的政治权力以制度的形式确定下来，使之变成活生生的现实。这种制度形式在中国，就是人民代表大会制度。人民通过人民代表大会制度去行使当家做主、管理国家的权力。

那种认为夺取了政权、建立了人民共和国后，就自动实现了民主的观点，会使我们忽视认真建设社会主义民主制度的任务。

中国在20多年的时间内，没有充分重视发挥人民代表大会制度的作用，甚至一段时间将它弃置不用，给社会主义事业的发展造成了严重损失，这很大程度上，和人们思想上对人民代表大会制度在实践社会主义民主中的重要作用认识不够有关。

建国以来的实践表明，当人们高度重视人民代表大会制度在社会主义民主建设中的作用时，社会主义民主就健康地发展，决策就比较正确，国家的政治生活就比较稳定，社会主义建设事业就能够蓬勃发展；反之，如果轻视甚至忽视人民代表大会制度的作用，就会使社会主义民主受到损害，国家的政治、经济和社会秩序就会混乱无序。

人民代表大会制度以宪法为依据和运行原则，体现了社会公正、社会平等、社会共同富裕等现代政治文明的基本价值，并且真正确保了占人口绝大多数人的统治地位，将人类政治文明的制度形态推进到了更高层次。

中国的人民代表大会制度，本质上比西方的"三权分立"制度要民主得多，优越得多。充分发挥人民代表大会制度的优越性，并在实践中不断完善它，是建设中国特色社会主义政治文明的根本道路。

第二，人民代表大会制度必须适应中国国情。

建设中国特色社会主义，建设高度发达的政治文明，必须从中国的实际情况出发，把别人的经验与自己的具体国情相结合，必须把先进的理论和具体的实践相结合，建立先进的和中国国情相适应的政治制度。

中国的人民代表大会制度，是从中国革命和建设的实践中发展起来的政治制度，其中有新民主主义革命以来，中国人民和中国共产党人独创的内容，有许多从国外吸收与借鉴的内容。

从其产生开始，人民代表大会制度就注意吸收与借鉴外来的民主精神和制度形态。但是，人民代表大会制度对外国经验的借鉴和吸收，不是盲目地、无原则地生搬硬套、模仿照抄，而是根据中国的国情和当时的具体情况，有选择地借鉴与吸收。

对巴黎公社的民主政权建设原则是如此，对苏联苏维埃的做法同样秉持这样的原则，也就是兼收并蓄，为我所用，凡是适合中国国情的制度和内容就采纳、吸收；凡是经过实践证明，不适合中国国情的则不采用，用人民自己创造的适合中国国情的内容加以代替，或者经过改造之后，以变通的方式应用。

在实践中，中国的人民代表大会制度，一方面，将巴黎公社和苏维埃制度的某些基本原则，融入其制度建设中；另一方面，却没有在任何历史发展阶段，全盘套用上述两个制度模本，而是形成了中国特色的社会主义民主政权组织形式。

从历史实践来看，这一方法是成功的。展望未来，如何充分吸收外国政治体制中的成功经验，使之为社会主义民主建设服务，势必成为今后人民代表大会制度健全与发展过程中，不可回避的一个问题。

第三，人民代表大会制度在自身发展建设中要不断创新。

要根据制度环境的变化，对人民代表大会制度不断调整，不断变革，充分运用人民的政治智慧，实现制度创新。

良好制度的生命力来自于其随着环境变化而不断调整自身的能力。人民代表大会制度的形成过程，就是一个不断调整、不断变革的过程。

这种调整和变革，不仅给人民代表大会制度注入了活力，而且使之与新的环境更加适应，促进了社会的发展，推动了历史的进步。

人民代表大会制度在最终形成以后，特别是在遭受"文化大革命"十年的严重损害之后,也是通过不断的变革和调整,才使自身焕发出新的生机,获得了巨大的发展空间,并且在自身得到健全与发展的同时,也推动了整个中国民主政治建设的进程。

中国的人民代表大会制度虽已渐趋成熟和完备,但这并不意味着它可以停止变革和创新。因为新的情况、新的问题和新的形势总会出现,这会使既有的制度,表现出某些不健全和不完善,从而使之面临改进的压力和创新的动力。比如,改革开放政策在促进国家经济发展、增强综合国力、发展生产力的同时,也提高了人民群众的生活水平和文化素质,激发了人民群众积极参与民主建设的热情和需求。这就相应地要求,人民代表大会制度创造新的民主参与制度,将人民群众的这种参与热情和要求,转化为社会主义建设的动力。社会主义市场经济建设进程不断深入,产生了新的经济成分和新的经济关系,这就要求人民代表大会制度适应社会主义市场经济的要求,体现这些新的经济成分和新的经济关系的利益要求,扩大民主的基础,保障社会的稳定。

第四,加强法治建设,保障人民代表大会制度的实现。

法治是人民代表大会制度发展的根本途径,也是人民代表大会制度需要实现的根本任务。

建设高度的民主和法治，是建设中国特色社会主义政治文明的重要内容，而宪法赋予了人民代表大会实现民主法治的特殊使命。

法治的完善，是人民代表大会制度建设，不断取得进步的根本保障。党的十一届三中全会后，人民代表大会制度的每一次重大发展都是遵循法治的原则，通过法制手段取得的。

法治的原则，贯彻到人民代表大会制度的建设中，就要求任何人，不论是领袖还是平民，都不能超越神圣的法律和严格的法律程序，随意取舍、增删和损害人民代表大会制度的任何内容。即使是真正有利于人民代表大会制度发展的良好意愿，合理的、正确的建议，也必须经过法定程序来确认，经过法定程序来发展，从而使人民代表大会制度受到完整的法律体系的严格保障。

第五，加强党的领导，保证人民代表大会制度的运行。

党的正确领导是发挥国家权力机关作用的根本保证，是坚持和完善人民代表大会制度的关键。

人民代表大会制度建设取得的成绩，与党的正确领导有关；而人民代表大会制度建设遭受的挫折，也与党的失误有关。党重视人民代表大会，尊重人民代表大会，处理好与人民代表大会的关系，人民代表大会制度就能得到加强，人民代表大会的作用就能得到发挥。

可见，党的正确领导，是发挥人民代表大会作用的关键。加强党的领导，是人民代表大会制度建设和发展的条件，也是做好人民代表大会各项工作的保证。

一个国家的政治制度，只有坚持正确的方向，才能有效发挥作用，保持生机和活力。

作为中国根本政治制度，人民代表大会制度是中国人民当家做主的根本途径和最高实现形式。人民代表大会工作，坚持正确政治方向，最根本的是坚持党的领导、人民当家做主、依法治国的有机统一，核心是坚持党的领导。

中国共产党的领导地位，是在长期斗争的实践中逐步形成的，是人民的选择，历史的必然，也是明确载入中国宪法的。

人民代表大会制度是中国共产党带领全国各族人民，经过长期奋斗和实践探索而建立和发展起来的，体现了国家一切权力属于人民，体现了中国共产党的领导地位和执政地位，体现了中国社会主义国家性质。没有党的领导，人民代表大会制度就不复存在；没有党的领导，人民代表大会制度的优势就无从谈起。在这个重大原则问题上，我们的头脑要清醒，立场要坚定，旗帜要鲜明，绝不能有丝毫动摇。

中国共产党是中国特色社会主义事业的领导核心，党的领导只能加强不能削弱。中国是一个有56个民族的发展中大国，经济要发展，政治要稳定，文化要繁荣，社会要和谐，民族要团结，老百姓要过上好日子，没有一个坚强的领导核心是不行的。在这个问题上，邓小平讲得很明确也很透彻。他说，中国由共产党领导，中国的社会主义现代化建设事业由共产党领导，这个原则是不能动摇的；动摇了中国就要倒退到分裂和混乱，就不可能实现现代化。在社会主义实践和建设中，必须进一步增强党的领导的自觉性和坚定性，增强坚持走中国特色社会主义政治道路的自觉性和坚定性，增强坚持和完善人民代表大会制度的自觉性和坚定性。

坚持正确的政治方向，是做好人民代表大会工作的根本。各级人民代表大会及其常务委员会都要自觉接受党的领导，把党的领导贯穿于人民代表大会依法履职整个过程，落实到人民代表大会工作各个方面。要通过人民代表大会工作，确保党的主张经过法定程序成为国家意志，确保党组织推荐的人选经过法定程序成为国家政权机关的领导人员。人民代表大会工作，无论是立法工作、监督工作，还是决定重大事项，都要有利于加强和改善党的领导，有利于巩固党的执政地位，有利于保证党领导人民有效治理国家。

党的领导，是人民当家做主和依法治国的根本保证，也是坚持和完善人民代表大会制度、做好新形势下人民代表大会工作的根本保证。坚持发挥党总揽全局、协调各方的领导核心作用，人民代表大会制度的优越性和生命力才能更好地体现，社会主义民主政治才能健康发展。

第六，提高人民代表大会代表和常务委员会组成人员的素质，方能真正坚持和完善人民代表大会制度。

人民代表大会代表和常务委员会组成人员，是组成国家权力机关的主体，担负着代表人民行使国家权力的重大使命，提高人民代表大会代表和常委会组成人员的素质，是加强人民代表大会制度建设的核心环节之一。提高人民代表大会代表和常委会组成人员的素质，必须采取多种渠道。首先，是要逐步完善人民代表大会代表的产生方式，尽可能地使政治上坚持四项基本原则、具有较强的参政意识和议政能力的人进入国家权力机关，从根本上保证人民代表大会代表有较高的素质。其次，要加强对代表活动的组织和对代表培训的工作，这是提高代表素质的又一个重要方面。人民代表大会代表，只有随着形势的发展采取多种形式，不断提高自身的素质，才能完成人民的重托，更好地履行自己的职责。最后，要逐步实现常委会组成人员的年轻化、知识化、专业化，有进有出，能上能下。

第二章　人民代表大会制度的历史沿革

要了解人民代表大会制度，最简便也是最有效的办法是从这一制度的历史演变过程入手。通过把握人民代表大会制度形成、发展的来龙去脉，才能比较深刻地认识、理解人民代表大会制度为什么会以现在的方式存在着。

第一节　人民代表大会制度的理论来源

任何一种制度的产生与形成，都是在继承前人的基础上发展而来的。人民代表大会制度也是如此。

人民代表大会制度，本质上是一种代议制度。

所谓代议制度，又叫代表制度，是由具有选举资格的国家公民按法律规定选举代表，由代表组成代议机关，执掌国家立法权等重要国家权力的一整套国家制度。这种制度是现代国家最重要的政治制度之一，是人类历史发展进入民主时代以后的产物，是"人民主权"这一民主原则的具体体现。

现代民主社会有两个根本标志：宪法和议会。宪法规定了国家权力行使的范围；议会则使过去由个人或某些特权集团掌握并任意行使的国家权力，变为由众多的人来掌握，并按人民的意志行使。可见，代议制度或代表制度是民主制度的核心内容。

从历史起源来看，代议制度源自西欧社会。但从它产生以来，其所代表的某些原则和价值，就渐渐成为整个人类政治文明的重要成果，为当今世界各国所赞成和采纳。

虽然代议制度在不同历史时期、不同国家中的具体形式具有很大差异，但它是"民主制度的核心内容"，从未改变。因而，无论是资本主义国家还是社会主义国家，无论是发达国家还是发展中国家，都不得不承认，代议制度是现代国家政治生活中不可缺少的基本政治制度。

中国的代议制度，采用"人民代表大会制度"的形式，代表机关名称上叫"人民代表大会"，但它与西方国家的议会或国会的功用是相同的，都是现代文明社会的一种政权组织形式。

1983年12月8日，中国第六届全国人民代表大会常务委员会召开第三次会议，通过了全国人大加入各国议会联盟的决定。因此，中国的全国人民代表大会于1984年被接纳为各国议会联盟的成员，并于1996年在北京成功举办了"议联"的第96届大会。2003年10月，在日内瓦举行的第109届大会上，中国全国人民代表大会外事委员会副主任委员吕聪敏当选为"议联"执委会委员。

这些事实都说明，中国的人民代表大会在功能上相当于西方国家的议会。也正是因为这种相同点，有学者称"人民代表大会"为"中国的议会"。

一、资本主义国家代议制度的产生和推广

代议制度是从西方国家起源、形成和发展起来的。那么，具体情形到底是如何呢？这就不得不提及以英国、美国两个主要资本主义国家的代议制度是如何产生的，从而方能更加深刻了解社会主义国家的代议制度是如何创立的。

1688年英国的"光荣革命"中，代表英国资产阶级利益的议会以和平的斗争方式，通过了《权利法案》和《王位继承法》。这两个法案确立了议会主权原则，规定了议员在议会中言论自由、辩论自由等原则。这使议会取得了凌驾于国

王之上的最高立法机关的地位，改变了议会上、下两院代表的性质，使议员从国王咨询机构成员的身份，变成了国家代议机关的成员。这些革命性的措施标志着现代资产阶级民主国家的代议制度在世界上产生。

美国独立战争胜利之后，先是建立了一个松散的邦联，然后通过制宪会议制定了1787年宪法，奠定了现代美国宪政体系的制度基础。根据宪法，美国建立了作为国家最高立法机关的联邦国会，联邦国会议员分为两类：一类是参议院议员，每州各选举两名；另一类是众议院议员，按选区由选民直接选举产生，各州众议员名额根据各州人口确定。这样，在美国也出现了现代资产阶级民主国家的代议制度。

工业革命后，这种制度在欧、美等主要资本主义国家渐渐普遍流行开来，并且不断得到改进，使资本主义国家的代议制度得以逐步完善。

二、马克思、恩格斯和列宁提出社会主义国家的代议制度

马克思、恩格斯和列宁，承认资本主义国家的代议制度的进步性。

马克思指出，资本主义国家的代议制度相比此前的封建专制制度来说，是巨大的历史进步。但同时也应看到，这种制度对无产阶级来说，是一种虚伪和虚假的民主。

恩格斯指出，资本主义国家至少在口头上是承认自由权的；它在爱好自由的舆论面前是要低头的；它不得不把选举原则当作统治的基础，在原则上承认平等；它不得不解除君主制度下书报检查对报刊的束缚；它不得不实行陪审制。比起旧的奴隶制来，这是历史性的进步。

列宁也指出，议会制和中世纪相比是进步的。他认为，资产阶级的共和制、议会和普选制，所有这一切，从全世界社会发展来看，是一大进步。这种进步性，是值得肯定的。

但是，马克思、恩格斯和列宁都认为，这种资本主义国家的代议制度阻碍了无产阶级夺取国家政权，因为它具有很大的欺骗性。因此，他们花了相当大的力量，去揭露资本主义国家的代议制度的虚伪性和欺骗性，剖析资产阶级共和国的实质。

马克思指出，资产阶级只是口头上标榜自身是民主阶级，而实际上并不想成为民主阶级。他们承认原则的正确性，但却从来不在实践中实现这些原则。

列宁也指出，自由派总是说，资产阶级议会制度正在消灭阶级和阶级的划分。因为一切公民都毫无差别地拥有投票的权利，参与国家事务的权利。但19世纪下半叶的全部欧洲史、20世纪初的全部俄国革命史，都很清楚地表明自由派的这种说法是多么荒谬。

马克思、恩格斯和列宁从分析各种历史事件入手，让人们可以清楚地看到，资产阶级已经学会了假仁假义，千方百计地欺骗人民，把资产阶级共和国说成是"全民政权"，把资产阶级议会制说成是"一般民主"，巧妙地掩盖议会同交易所、资本家千丝万缕的联系。这种代议制度对无产阶级来说，是一种形式上的、空谈性的民主，其实质是为资产阶级服务的工具。

马克思、恩格斯和列宁等批判资本主义国家的代议制度，目的是进行深刻的反思，借鉴它的某些有益成果，从中寻求更合理的、更先进的、更真实的民主制度，从根本上超越资产阶级民主。

因此，在批判资本主义国家代议制度的基础上，共产主义理论的创始人提出了社会主义代议制度的基本理论。

马克思、恩格斯认为，作为无产阶级和资产阶级对立物的人民代表机关，就应该是真正代表民意、实现民主、且是掌握国家一切权力、为广大劳动者谋利益的工具。这为无产阶级政权建设指明了目标和方向，是中国的人民代表大会制度的重要渊源。

　　列宁肯定资本主义的代议制度对于无产阶级民主发展的作用，在领导创建苏维埃政权的实践中，继承并进一步发展了马克思、恩格斯的代议制度理论，对增强代议机关的民主性，使之成为真正代表民主的机关，给予了极大的关注。他提出一系列主张，从而设计出了迥异于资本主义的代议制度的一种新民主模式，并对如何处理党和代议机关的关系进行了探索，注重强调人民代议机关的代表必须真正地由民主选举产生，掌握国家一切权力，履行监督职能。虽然在实践中，列宁的设想和主张并未完全实现，而且，在他逝世以后，代议机关的职能行使也大打折扣，与其设想相去甚远，但是这种探索和尝试价值重大，对中国的人民代表大会制度的形成有直接影响。中国的人民代表大会制度理论很多直接来源于列宁的代议制度理论，并在不同时期实践于中国大地之上。

第二节　人民代表大会制度的实践探索

中国人民代表大会制度的最终形成，经历了一个漫长而艰辛的过程。

以1919年的五四爱国运动为分界，中国的民主革命在此之前是旧民主主义革命时期，在此之后是新民主主义革命时期。其中，新民主主义革命是在中国共产党领导之下进行的，是以推翻"三座大山"为目标的革命运动，革命胜利的结果是1949年中华人民共和国的建立。

正是在新民主主义革命时期，中国共产党领导下的革命政权，进行了人民代表大会制度的探索，并促使其最终被确立下来。

人民代表大会制度的确立，是中国政权建设史上的一场深刻而彻底的革命。这一革命的完成，从人民代表大会制度本身的形成和发展过程看，在每个历史时期中，表现出不同的形态。

简单地说，第一次国内革命战争时期表现为农民协会制度；第二次国内革命战争时期表现为工农兵代表会议制度；

抗日战争时期表现为参议会制度；在解放战争时期和社会主义改造时期，分别表现为人民代表会议制度与中国人民政治协商会议制度，直至1954年，才正式建立人民代表大会制度。

一、农民协会制度

这一阶段是从1921年到1927年。在这一时期，随着马克思主义国家学说在中国的传播，作为工人阶级的先锋队，中国共产党对建立什么样的政权组织形式进行了初步探索。

中国共产党登上历史舞台后，党的第一个纲领就宣布："我们党承认苏维埃管理制度，要把工人、农民和士兵组织起来，并以社会革命为自己政策的主要目的"，采用无产阶级专政，废除资本家所有制，建立"劳动者的国家"。

1922年7月，党的二大发表了宣言，提出党的最低纲领和最高纲领。党的最低纲领是推翻帝国主义、封建军阀的压迫，建立"真正的民主共和国"；党的最高纲领是铲除私有财产制度，建立劳工专政的政权。党的纲领中这些革命要求，体现了建立人民代表制度的内在要求。

代表制度从根本上要解决的是国家权力属于谁和国家权

力如何运作的问题。无产阶级既然以夺取国家权力为革命目标，就不得不从一开始就考虑这两个问题。

因而，随着中国共产党领导的武装斗争一开始，中国的革命阶级就开始了建立新型政权形式的探索，这种探索在城市和乡村同时进行着。

先来看一下城市的革命政权形式。1921年7月，中国共产党一成立，就组织发动各地的工人运动。在此起彼伏的罢工运动中，许多地方和行业先后成立工会或者罢工工人代表大会。

1925年6月，爆发的省港大罢工，坚持了将近两年时间，罢工工人选出代表，组成罢工工人代表大会和罢工委员会，执行革命政权的一些重要职能，如制定革命的法规、决定罢工重大事项、分配食品、建立革命法庭、维持秩序等。

1927年3月，上海工人第三次武装起义胜利后，在周恩来领导下，召开了上海市民代表会议，选举产生了市人民代表会议主席团和执行委员，通过了《上海特别市市民代表会议政府组织条例》，规定"上海特别市以市民代表会议为最高权力机关"。各区也都先后召开了人民代表会议。这是中国共产党领导人民群众在大城市创建人民代表大会制政权组织形式的最初尝试。

但实际上，按照成立时间的先后顺序，农民协会才是中国最早的、具有人民代表大会制度雏形的政权形式。

早在1921年9月，在共产党员的领导下，浙江省萧山县衙前镇组织召开了农民代表大会，选举产生了农会执行委员会，通过了《衙前农民协会宣言》和《衙前农民协会章程》。1922年夏，彭湃在广东省海陆丰地区发动农民运动，成立了农会。1924年国共合作形成后，毛泽东等在广州创办农民运动讲习所，培养农民运动骨干，使得农民运动在大革命的风暴中轰轰烈烈开展起来。

后来，农民协会很快在广东、湖南、湖北、江西、陕西等省近两百个县建立起来，并由村、乡逐步发展到县、省一级。

1927年3月，广东、湖南、湖北、江西、河南等省的农会代表举行联席会议，成立了中华全国农民协会临时执行委员会。

大革命中组织起来的农民协会按照少数服从多数、个人服从组织的原则进行管理，骨干是贫雇农中的积极分子。最高决策机构为农民代表大会，常设机构为大会产生的执行委员会。执行委员会下设财政、仲裁、交际、卫生、教育各部，分别行使农村行政、审判等职权。农民协会所实行的一些原则，如一切权力归农会、农会领导人员的产生方式、机构设置和层次划分、少数服从多数的组织原则等，在后来的政权建设中一直延续下来。

二、工农兵代表会议制度

这一阶段是从1927到1935年。随着革命的深入以及马克思主义国家学说在中国的进一步传播，中国共产党人在直接继承巴黎公社和俄国苏维埃的经验基础上，继续探索适合中国特点的国体与政体。在这一时期，先是尝试建立工农兵代表会议，后又陆续实行工农兵代表大会。

大革命失败后，中国共产党开始了武装夺取政权的斗争。建立什么样的革命政权，成为一个非常急迫的问题。

1927年9月初，毛泽东领导秋收起义时，提出应当扩大宣传苏维埃政权，在暴动力量发展最大的地方建立苏维埃政权，一切权力归工农兵代表会议。

9月19日，中共中央政治局作出《关于国民党及苏维埃口号的决议》，提出了建立"工农苏维埃"，即工农民主专政的主张。

10月，彭湃在广东的海陆丰地区领导武装起义成功后，立即召开了海丰和陆丰工农兵代表会议。

11月初,中共中央临时政治局召开扩大会议。会议确定:取消以前乡村政权归农民协会的口号,把一切政权归工农兵与贫民代表会议,是武装暴动的总口号。

根据这一口号的精神,革命根据地的政权组织形式开始由农民协会向工农兵代表会议转变,井冈山、广州、黄冈、麻城等地的党组织,先后率领工农群众武装建立了工农兵代表会议政权。

1931年11月7日,在十月革命14周年之际,第一次全国工农兵代表大会在江西瑞金召开。会议通过了《中华苏维埃共和国宪法大纲》、《苏维埃地方政府的暂行组织条例》,选举产生了第一次全国工农兵代表大会中央执行委员会和中华苏维埃共和国临时中央政府,即中央人民委员会,从而统一了各革命根据地的工农民主政权。

1934年1月,又召开了第二次全国苏维埃代表大会。中国工农共和国的性质和政权组织形式,通过这两次会议有了比较系统的规定。

第二次国内革命战争时期的工农兵代表制度有如下特点:

从政权性质看,中华苏维埃共和国所建设的,是工人和农民的民主专政国家。苏维埃政权是属于工人、农民、红色战士以及一切劳苦大众的。

从政权组织形式看,全国工农兵苏维埃代表大会为最高政权机关。在大会闭会期间,全国苏维埃临时中央执行委员会为最高政权机关。

从运作方式看,地方苏维埃政权完全实行议行合一,设省、县、区、乡四级苏维埃代表大会。

从其产生方式看,乡和城市的苏维埃代表,由乡和城市的选民直接选举产生,区以上苏维埃代表由下一级苏维埃代表会议选举产生,也就是间接选举产生。

这些制度基本是依照苏联1924年宪法规定的苏维埃政权体制建立起来的。然而,由于战争环境的影响以及政权建设的经验不足,这些制度并没有完全实施。但是,却依然为后来的人民代表大会制度形成提供了可操作性的经验。

三、参议会制度

这一阶段是从1937年抗日战争爆发到1945年抗战胜利。为了适应抗日的需要,中国共产党人继续对政权组织形式进行探索,并在边区实行参议会制度等。在总结这一时期政权建设经验的基础上,中国共产党人提出了建立人民代表大会制度的初步构想。

随着日本帝国主义的全面侵华,中国的民族危机日益严重,使得中国共产党的革命目标,发生了暂时的改变,拯救民族危亡成为当时的主要任务。

在这种形势下,中国共产党逐步停止了土地革命,先后提出了"逼蒋抗日"和"联蒋抗日"的口号。因此,政权组织形式也必然随着革命任务的转变而有所改变,也就是从第二次国内革命战争时期的工农兵代表会议制度转变为参议会制度。

1935年12月,中共中央通过《关于目前政治形势与党的任务决议》,提出把"工农共和国"改为"人民共和国"。

1936年8月,中共中央作出《关于抗日救亡运动的新形势与民主共和国的决议》,提出把"人民共和国"改为"民主共和国"。

1936年12月,西安事变爆发,并最终得到和平解决,第二次国共合作的统一战线逐步形成。因此,1937年9月,中共中央正式宣布,取消中华苏维埃共和国的称号,将中华苏维埃共和国临时中央政府西北办事处改为中华民国特区政府,即陕甘宁边区政府。此时,边区的工农民主专政性质的政权，转变为抗日民族统一战线性质的政权。

为了使政权组织形式适应政权性质的转变，陕甘宁边区从1937年10月起，开始在所属各县、区、乡组织普选，参照国民党地方政权的咨询机构，召开各级参议会。

参议会制度成为中国共产党领导的各个敌后抗日根据地的政权组织形式。

这种政权组织形式与苏维埃政权相比，发生了重大变化。实际上，在陕甘宁边区及后来开辟的其他抗日根据地，普遍实行的是议会民主制。其中，尤以陕甘宁边区的形式最为完备和最有典型性。

从1939年1月至1946年4月的7年间，陕甘宁边区参议会，共召开过三届四次会议。随着抗日战争形势的发展，历次会议都取得了不同的成果，反映了抗日民主政治制度的不断成熟和发展。

1941年11月6日至21日，在延安召开的第二届参议会第一次全体会议，接受了中共陕甘宁边区中央局提出的《五一施政纲领》。这个经中共中央政治局批准的纲领的基本精神，就是坚持"团结、抗战、救中国"的方针。

为贯彻这一方针，《五一施政纲领》提出边区建立

"三三制"政权，即在抗日民主政权中人员的分配，共产党员大体占三分之一，左派进步分子大体占三分之一，中间分子和其他分子大体占三分之一。

1944年12月4日至19日，在抗日战争胜利的曙光微露之时，陕甘宁边区第二届参议会第二次大会在延安召开。

大会要求国民党取消一党统治，成立联合政府。毛泽东在《一九四五年的任务》的演说中还提出，希望全国人民一致起来，大声疾呼，要求国民党当局改变现行政策，以便迅速建立民主的联合政府。这充分表明了中国共产党推动建立民主联合政府的诚意。

在抗日战争胜利，国共内战一触即发之际，陕甘宁边区第三届参议会于1946年4月2日至27日在延安召开。由于历史条件的变化，这次会议未公开提出"三三制"原则，但仍然坚持了与党外人士实行民主合作的原则。

这些尝试，为后来人民代表大会制度的完善提供了实践基础。

四、人民代表会议制度

这一阶段是从1945年到1948年。随着抗日战争的即将结束，适用于抗战期间的政权组织形式也即将完成其历史使命。解放区的政权组织形式，开始由参议会向人民代表会议过渡，并逐步实行人民代表会议制度。

1946年6月，全面内战爆发，中国共产党领导中国人民进行了伟大的人民解放战争，最后建立了真正的人民政权。随着政权性质的变化和解放区的扩大，政权的组织形式也发生了重大变化。

解放战争后期，解放军胜利进军，解放区迅速扩大。到1948年10月，解放区面积已达235万平方千米，占全国面积的近1/4；人口1.68亿，占当时全国人口的35.3%；占有县城以上大、中、小城市586座，占全国同类城市的29%。

从人民政权的性质和范围来看，抗日战争时期具有统一战线性质的"三三制"的参议会形式，已不适应革命政权建设的需要。于是，过去统一的参议会开始逐步向人民代表会议过渡。

但是，由于形势的复杂性，这种过渡在农村和城市的步骤有比较大的差异，在已获得解放的一些少数民族地区，还开始实行民族自治制度。

在广大的农村地区，解放战争伴随着广泛的土地改革运动。在土地改革运动中，人民政权有了新的组织形式，一些地区在"土改"中的基本做法是，建立起贫农团和农会，作为临时性的地方基层政权，又在此基础上建立起区、村（乡）两级人民代表会议，作为正式的权力机关，并选出政府委员会。

毛泽东对新形势下农村政权建设这一新的成功经验进行了总结和肯定，他说："在反对封建制度的斗争中，在贫农团和农会的基础上建立起来的区村（乡）两级人民代表会议，是一项极可宝贵的经验。只有基于真正广大群众的意志建立起来的人民代表会议，才是真正的人民代表会议。这样的人民代表会议，现在已有可能在一切解放区出现。这样的人民代表会议一经建立，就应当成为当地的人民的权力机关，一切应有的权力必须归于代表会议及其选出的政府委员会。"

1948年年底至1949年上半年，在老解放区和许多新解放区普遍建立了区、村（乡）两级人民代表会议，为后来中华人民共和国的成立和人民代表大会制度的确立奠定了坚实基础，积累了工作经验。

随着解放战争从胜利走向新的胜利，人民军队解放了越来越多的城市,因而,城市的政权组织建设也显得日益重要。

在城市实行军事管制的制度,作为新解放区各城市的过渡性的政权组织形式。它的主要职责是统管军政管理事宜,并为筹建地方人民民主政权做好准备。

在解放战争即将取得全国胜利的情况下,1949年3月,毛泽东明确提出党的工作重心由乡村转移到城市,并著文论述了"人民代表会议制度和党的代表会议制度"。

毛泽东指出:我们不采取资产阶级共和国的国会制度,而采取无产阶级共和国的苏维埃制度。代表会议就是苏维埃。自然,在内容上,我们和苏联的无产阶级专政的苏维埃是有区别的。我们是以工农联盟为基础的人民苏维埃,"苏维埃"这个外来语我们不用,而叫作人民代表会议。在中国,因为资产阶级共和国的国会制度在人民中已经臭了,我们不采用它,而采用社会主义国家的政权制度。这表明了"人民代表会议"和"苏维埃"的联系与区别。

毛泽东说:人民代表会议制度是一种社会主义国家的政权制度。人民代表会议制度是工人阶级领导的、人民大众的、反帝反封建性质的地方政权组织形式。它与参议会制度的不同在于，人民代表会议制度以工人、农民和其他劳动人民为政权主体，将封建地主阶级和官僚资产阶级排除在政权机关之外，政权组织形式普遍实行议行合一制。

人民代表会议制度与后来的人民代表大会制度也有重要区别，这种区别主要体现在代表的产生方式上。人民代表大会的代表通过普选方式产生；人民代表会议的代表不是通过普选，而是通过协商、指定、聘请、选举等各种方式产生的。

人民代表会议制度是在当时条件下人民民主政权的主要组织形式，是向人民代表大会制度过渡的形式。

五、中国人民政治协商会议制度

这一阶段是从1948年到1954年。随着解放战争即将结束，当时共产党的主要领导人毛泽东等都在努力探索取得全国政权之后，应如何组织和实行这一政权。一方面，毛泽东在一系列书信、指示中谈到要召开人民代表大会。比如，1948年4月25日，毛泽东在河北阜平县城南庄致电西柏坡的刘少奇、朱德、任弼时，通知他们即将召开的中央会议准备讨论的问题，其中第一条就提出：邀请港、平、津等地各中间党派及民众团体的代表人物到解放区，商讨召开人民代表大会并成立临时中央政府。

另一方面，限于当时战争并未完全结束等条件，毛泽东又明确主张要召开政治协商会议，并把召开政治协商会议作为召开人民代表大会的一种过渡。而这种过渡，作为一种主张，从提出到实行，一直持续到1954年9月全国人民代表大会的召开。全国人民代表大会召开之后，中国人民政治协商会议的性质发生了根本性变化，不再代行最高国家权力机关的职权。事实上，这期间关于政治协商会议和人民代表大会的主张是交织在一起的，有时是很难分开的。

中国现在的"人民政治协商会议"是一个统战性质的机构，承担着政治协商、民主监督、参政议政的职能。但是，在中国人民政治协商会议成立之初，它代行国家权力机关的职权。这个转变过程和中国人民代表大会制度的创立密切相关。

1949年4月23日，人民解放军占领南京，延续了22年的国民党反动统治宣告结束。渡江战役取得的巨大胜利，为建立中华人民共和国创造了最基本的条件。因此，中国共产党向国内各民主党派和重要政治人物发出了召开新的政治协商会议的邀请，以取代重庆谈判时期的旧的政治协商会议，为建立新中国作准备。

1949年9月,中国人民政治协商会议第一届全体会议,代行全国人民代表大会的职权。

通过了《中国人民政治协商会议组织法》,选出由毛泽东任主席的政协全国委员会,在普选的全国人民代表大会召开之前,代行其职权。

通过了《中华人民共和国中央人民政府组织法》,一致选举毛泽东为中央人民政府主席,朱德、刘少奇、宋庆龄、李济深、张澜、高岗为副主席,陈毅等56人为中央人民政府委员。随后,由中央人民政府委员会任命周恩来为政务院总理兼外交部部长。

通过了《关于中华人民共和国国都、纪年、国歌、国旗的决议》。决议指出:北平为中华人民共和国首都,将北平改名为北京;采用公元纪年;以《义勇军进行曲》为代国歌;国旗为五星红旗。

中国人民政治协商会议第一届全体会议,同时通过了具有临时宪法性质的《中国人民政治协商会议共同纲领》。按照《共同纲领》的规定,中华人民共和国的国家政权属于人民,人民行使国家政权的机关为各级人民代表大会和各级人民政府，国家最高政权机关为全国人民代表大会，各级政权机关一律实行民主集中制。从而，确立了基于民主集中制的人民代表大会制度为新中国的根本政治制度。

正如刘少奇指出的："人民代表会议与人民代表大会制度，是我们国家的基本制度，是人民民主政权的最好的基本的组织形式。我们的国家，就是人民代表会议与人民代表大会制的国家。"

中国人民政治协商会议第一届全体会议，将中国人民在共产党领导下长期建设人民政权的成功经验，以《共同纲领》的形式固定下来，为人民代表大会制度在全国范围内的建立奠定了基础，并使之具有法律的效力。

第三节　人民代表大会制度的确立和发展

中国人民政治协商会议第一届全体会议于1949年9月29日通过了《共同纲领》。这部起临时宪法作用的《共同纲领》，明确建立人民代表大会制度。但在建国之初，考虑到人民解放战争还没有结束，各种基本的政治社会改革工作还没有在全国范围内进行，经济也需要一个恢复时期，而且，当时的中国经历了几千年的封建社会，缺乏民主和法制传统，人民代表大会制度还没有立即实行的条件，真正实行这个制度会遇到很多困难和阻力。因此，《共同纲领》又规定，在全国人民代表大会召开以前，由中国人民政治协商会议的全体会议，执行全国人民代表大会的职权，地方则由各界人民代表会议逐步代行人民代表大会的职权。

回顾建国以来的历程，人民代表大会制度的确立和发展，大体经历了四个时期。

一、过渡时期（1949—1954）

建国初期的四年，是从中国人民政治协商会议和地方各界人民代表会议向各级人民代表大会的过渡时期。

中华人民共和国成立时，就确定了国家的政体是人民代表大会制度。但是，建国初，由于召开普选产生的各级人民代表大会的条件还不成熟，采取了过渡的办法，在中央由中国人民政治协商会议第一届全体会议代行全国人民代表大会的职权，选举产生了中央人民政府委员会，并赋之以行使国家权力的职能；在地方，则普遍召开了各界人民代表会议，逐步代行人民代表大会的职权，选举产生本级人民政府。

人民代表会议与人民代表大会的区别，一是代表产生的方式不同，前者是协商产生的，后者是选举产生的；二是性质不同，前者是咨询机构，后者是国家权力机关。

建国前夕和建国初期的四年，党中央和毛泽东非常重视召开人民代表会议的工作。毛泽东是中国人民代表大会制度的主要创始人。他早在1940年发表的《新民主主义论》中就提出，新民主主义共和国的政体是民主集中制的人民代表大会制度。

从1949年8月至12月，毛泽东关于召开各界人民代表会议的文电有19篇之多。他要求把召开各界人民代表会议"当作一件大事去办"；认为这种代表会是"党和政权的领导机关联系群众的最好组织形式"；要求"必须反对形式主义，每次会议要有充分准备，要有中心内容，要切切实实讨论工作中存在的为人民所关心的问题，要展开批评和自我批评"。"人民政府的一切重要工作都应交人民代表会议讨论，并作出决定。必须使出席会议的代表们有充分的发言权，任何压制人民代表发言的行动都是错误的。""以既能保证会议由我党领导，又能养成民主精神为原则。"

其他中央领导同志也有一系列精辟论述。刘少奇1951

年2月在北京市人民代表会议上的讲话，系统地阐述了人民代表大会制度的性质和功效，提出了我们的基本口号是民主化和工业化。中共中央就召开各界人民代表会议发出了三篇指示。中央人民政府委员会先后通过了省、市、县各界人民代表会议组织通则，政务院先后通过了区、乡各界人民代表会议组织通则。可以看出，建国初中国民主政治建设开了个好头，各界人民代表会议在团结和动员人民群众完成土地改革、镇压反革命、恢复和发展生产、民主法制建设等方面发挥了重要作用。

二、全面确立和曲折发展时期（1954—1966）

从1954年到1966年，是人民代表大会制度全面确立和曲折发展时期。

从1953年下半年开始，在全国范围内，中国进行了第一次空前规模的普选。在此基础上，由下而上逐级召开了人民代表大会。

1954年9月，第一届全国人民代表大会第一次会议召开，它标志着中国人民代表大会制度从中央到地方真正系统地建立起来了。

这次会议通过的新中国第一部宪法，即54年宪法。这部宪法是毛泽东亲自主持起草的，它对人民代表大会制度作出了一系列具体的规定。第一届全国人民代表大会第一次会议的召开和新宪法的制定，是中国民主和法制建设的里程碑。

此后，从1954年9月到1957年上半年的三年，是人民代表大会的工作活跃的三年，也可以说是建国以来，人民代表大会工作最好的历史时期之一。这三年，全国人民代表大会及其常务委员会通过了80多个法律、法令和有关法律问题的决定，审查批准了一五计划和年度经济计划、预算，决定了综合治理黄河的方案等。在人代会和全国人民代表大会常务委员会会议上，认真开展批评和自我批评，政治生活比较活跃。代表工作相当出色，根据毛泽东的提议，从1955年起每年组织全国人民代表大会和省级人民代表大会代表进行两次视察。还开展了代表检查工作的活动。

可是，从1957年下半年反右斗争起，"左"的思想日益严重，民主集中制遭到损害，国家政治、经济、社会生活出现不正常的情况，人民代表大会及其常务委员会的工作也难以开展。这表现在人民代表大会和人民代表大会常务委员会会议不能按时召开，如第二届全国人民代表大会第三次会议推迟了三次，与第二次会议间隔了23个月；宪法规定的一些职权的行使受到影响，如年度计划、预算等在大跃进时期一再变化，拿不出来东西来交人民代表大会审议；立法工作也基本停顿下来，监督工作更是流于形式。全国人民代表大会常务委员会副秘书长兼办公厅主任张苏回忆那时情况说：三年困难时期，人民代表大会开会要审议经济计划，国务院拿不出来。那时也没有法律需要立，确实无事可议。1962年之后，情况有所好转，但人民代表大会工作也没有恢复到1957年前的水平。

三、遭受破坏时期（1966—1976）

"文化大革命"的十年，人民代表大会制度遭受严重破坏。

"文化大革命"期间，全国人民代表大会及其常务委员会在长达八年多的时间内，没有举行一次会议，虽然还保留了一个名义，但已经失去了最高国家权力机关的作用。地方人民代表大会及其人民委员会则被所谓的"临时权力机构"——革命委员会所取代。在公、检、法机关被"砸烂"的情况下，宪法所确立的国家政治体制完全被扭曲，国家正常的政治、经济和社会生活完全被打乱，结果是经济停滞、专制横行、动乱不止。

"文化大革命"中，从政治制度上看，有两种现象很值得注意：

第一个值得注意的现象是轻视原有的人民代表大会的组织形式，企图寻求建立一种"新的"组织形式。

1966年8月，党的八届十一中全会通过的《关于无产阶级文化大革命的决定》规定：文化革命小组、文化革命委员会和文化革命代表大会"是无产阶级文化大革命的权力机构"。

毛泽东称赞北京大学聂元梓等人的那张搞乱全国的大字报为"20世纪60年代的北京人民公社的宣言"，并考虑建立北京人民公社的问题。

张春桥心领神会，立即把上海夺权后建立的机构定名为"上海人民公社"，作为上海市的临时权力机构。随后，在全国建立了所谓"临时权力机构"——"革命委员会"。这种革命委员会，是在对原有的合法的人民政权全盘否定的基础上建立起来的一个怪胎。它集党、政、军大权于一身，全揽行政、司法、党务等各项工作，是一种党政合一、权力机关和行政、审判机关合一的混合体。这种所谓"一元化"的政治体制，是中国政治体制在职能、结构上的一次大倒退。

第二个值得注意的现象是否定选举制度。

1968年《红旗》杂志第四期社论说："迷信选举，这也是一种保守思想"，革命委员会"不是选举产生的，而是直接依靠广大革命群众的行动产生的"，它"比以前单纯用选举产生的更合于无产阶级民主，更合于民主集中制，更能深刻得多地反映无产阶级和劳动人民利益"。这真是奇谈怪论，荒谬至极。

否定了选举制度，就进入了专制的大门。

"文革"中产生的一些"革命委员会"对人民实行专制的事实，正说明了这一点。"文革"后期，在1975年1月召开的第四届全国人民代表大会会议的代表也不是由选举产生的，而是采取所谓"民主协商"方式产生的。其实，它很难称得上是一次真正的人民代表大会。当然，这次全国人民代表大会的召开也是有意义的，它表明了人民代表大会制度尽管受到了严重损害，但它的根基仍然存在。在这次会议上，周恩来作了政府工作报告，重申了中国发展国民经济的两步设想，鼓舞了全国人民建设社会主义的信心；还经过激烈的斗争，挫败了"四人帮"组阁的阴谋，产生了以周恩来、邓小平为核心的国务院领导机构，这是应当肯定的。但第四届全国人民代表大会只召开了一次会议，由它产生的全国人民代表大会常务委员会在粉碎"四人帮"之前也只开了两次会议，所以第四届全国人民代表大会起的作用是有限的。而且，许多国家大事的决定也不经全国人民代表大会。比如，1976年任命华国锋为国务院总理，免去邓小平的国务院副总理职务，都没有经过全国人民代表大会及其常务委员会。类似这种情况，直到1976年10月"文革"结束后才开始被逐步改变。

综上，在"文化大革命"中，人民代表大会制度受到的严重损害，突出表现在以下几方面：

第一，《中华人民共和国宪法》被严重践踏。比如宪法规定：全国人民代表大会代表，不经全国人民代表大会常务委员会批准，不得逮捕；其在代表大会上发言，不受法律追究。这些规定，在"文化大革命"中完全不可能得到遵守。宪法是人民代表大会制度最重要的法律依据，连宪法都被践踏，其他各项基本制度也就可想而知，不可能得到遵守。

第二，"文化大革命"期间，一些"造反派"、政治野心家、阴谋家混进了国家权力机构，使政权职能发生了变化，使本来属于人民的政权，被他们利用来镇压人民。

第三，人民代表大会制度的主要形式被取消，国家政权机构不再按宪法规定的人民代表大会制度的要求和原则。人民代表大会虽然没有被明令宣布取消，但事实上已经不可能发挥作用了。在中央国家政权体制中，只保留了一个国家行政机构——国务院，作为人民代表大会制度重要内容的最高人民法院、最高人民检察院全被"砸烂"、取消。地方各级国家机构全被取消，而用集党、政、军、审判、检察权于一身的革命委员会代替。

第四，人民代表大会制度的国家政权机构的产生方式——民主选举被"指定"方式取代。

第五，人民代表大会制度的民主集中制原则被严重曲解和践踏。

四、恢复和健康发展时期（1976年至今）

从1976年，粉碎"四人帮"，特别是从党的十一届三中全会至今，人民代表大会制度恢复和进一步健全，人民代表大会工作取得了重大进展。

粉碎"四人帮"后，全国人民代表大会常务委员会恢复活动；地方各级人民代表大会陆续召开。

1978年2月26日，五届全国人民代表大会一次会议举行，至此各级人民代表大会都恢复活动。3月，会议修改、通过了新的宪法。这部1978年宪法针对1975年宪法的缺陷，对公民在政治、经济和文化教育等方面的民主权利增加了一些新的规定，对有关国家机关及其工作人员的条款作了较大的修改，还规定了强化人民的国家机器、加强对敌人的专政等，全国人民代表大会的职权也部分得到恢复，其中包括监督宪法和法律的实施，最高人民法院院长、最高人民检察院检察长由全国人民代表大会选举产生；全国人民代表大会常务委员会有权解释宪法，有权监督国务院、最高人民法院和最高人民检察院的工作。这些规定部分地恢复了人民代表大会制度。

1978年12月，党的十一届三中全会召开，总结了历史的经验，特别是"文化大革命"的深刻教训，作出把党和国家的工作重点，转到社会主义现代化建设上来的重大决策。同时，提出发展社会主义民主、健全社会主义法制，使民主制度化、法律化的任务。

这次会议，开辟了改革开放和集中力量进行社会主义现代化建设的历史新时期。人民代表大会制度建设和人民代表大会工作也进入了一个新的发展阶段。

十一届三中全会以后，人民代表大会工作很快实现了历史性转变，立法工作打开了新局面。尤其是，第五届全国人民代表大会二次会议制定了刑法、刑事诉讼法、选举法、地方组织法、人民法院组织法、人民检察院组织法和中外合资经营企业法等七部法律。它标志着中国的立法工作，在沉寂了20多年后，又重新恢复并取得重大突破，也显示了最高国家权力机关工作的实效，给人们以极大的鼓舞。邓小平高度评价说，由此，"全国人民都看到了严格实行社会主义法制的希望。这不是一件小事情啊！"

随后，修宪工作又开始了，经过两年零四个月的努力，1982年12月五届全国人民代表大会五次会议通过了新宪法。这是一部好宪法，它经过1988年、1993年、1999年、2004年四次修改，是迄今一直在实施中的宪法。

1982年宪法，对中国新时期的根本任务和政治、经济、文化制度作出了一些重要规定。尤其是在健全和完善人民代表大会制度方面，作出了一系列重要的新规定：扩大了全国人民代表大会常务委员会的职权；规定县级以上地方人民代表大会设立常务委员会；加强各级人民代表大会及其常务委员会的组织机构；省级人民代表大会常务委员会有权制定地方性法规，省、自治区人民政府所在地的市和经国务院批准的较大的市的人民代表大会及其常委会可以制定地方性法规，报所属省、自治区人民代表大会常务委员会批准，并报全国人民代表大会常务委员会和国务院备案；改革了选举制度；改变了农村人民公社政社合一的体制，恢复设立了乡政权等。这些规定，一方面，恢复了被"左"的错误路线和政策所损害的行之有效的、合理的国家制度与国家机构；另一方面，根据实际需要，发展了人民代表大会制度。

1982年宪法，是一个里程碑。对于坚持和完善人民代表大会制度、发挥国家权力机关的作用，具有重要的现实意义和深远的历史意义，标志着中国的人民代表大会制度进入全面发展时期。

随着中国政治、经济和社会生活的发展，特别是确立了经济体制改革的目标是建立社会主义市场经济体制，党中央又及时提出了依法治国的方针。

1996年2月，江泽民在中央举行的法制讲座结束时讲话，对这个方针作了全面、系统的阐述。随后，把"依法治国、建设社会主义法治国家"的方针，载入了八届全国人民代表大会四次会议通过的《国民经济和社会发展"九五"计划和2010年远景目标纲要》。党的十五大也再次郑重地把它肯定下来。

江泽民在代表党中央所作的报告中指出:"依法治国,是党领导人民治理国家的基本方略","共产党执政就是领导和支持人民掌握管理国家的权力,实行民主选举、民主决策、民主管理和民主监督,保证人民依法享有广泛的权利和自由,尊重和保障人权"。依法治国方略的提出、江泽民的论述,对人民代表大会制度建设和人民代表大会工作,有重要的指导意义,为人民代表大会工作注入了强大的推动力。胡锦涛、习近平也分别在党的全国代表大会上,对人民代表大会制度的落实,作出了重要的阐述。

改革开放30多年来,各级人民代表大会及其常务委员会在党的领导下,认真履行宪法和法律赋予的职责,积极探索,勇于实践,各方面工作取得了较大进展。

其中,立法工作成绩显著。全国人民代表大会及其常务委员会通过了近400个法律和有关法律问题的决定,地方人民代表大会及其常务委员会制定了7000多个地方性法规。

各级人民代表大会及其常务委员会审议、决定了全国的和地方的一些重大问题,包括国民经济和社会发展的中长期计划、年度计划和预决算、关于兴建长江三峡工程的决议等。

监督工作取得了一定的进展，尤其是地方人民代表大会常务委员会创造了代表评议、对人民代表大会及其常务委员会选举和任命的干部进行述职评议、个案监督等形式和做法，取得了良好的效果。

人民代表大会及其常务委员会还依法选举和决定任命了国家机关组成人员，指导了县、乡两级人民代表大会代表的直接选举，并加强了自身建设，建立了工作机构，造就了一支七万多人的机关干部队伍。

国家权力机关在人民心目中的威望逐步提高，在国家生活中发挥着重要作用。

当然，中国的人民代表大会制度还不够健全，在一些具体制度方面还有缺陷，宪法规定的人民代表大会及其常务委员会的性质、地位和职权尚未完全落实，在一些方面差距还相当大，人民代表大会工作也存在不少问题和困难。但总体说，至今为止的30年，是建国以来人民代表大会制度运行最好的历史时期。

第三章　人民代表大会的组织体制

根据法律规定，从全国到基层，人民代表大会在组织体制上可分为：全国人民代表大会、县级以上的地方各级人民代表大会和基层人民代表大会。

第一节　全国人民代表大会及其常务委员会

全国人民代表大会是中国最高国家权力机关，全国人民代表大会常务委员会是其常设机关。

一、全国人民代表大会

宪法规定："中华人民共和国全国人民代表大会是最高国家权力机关。"这表明了全国人民代表大会的性质及其在整个国家政治体系中应有的法律地位。

全国人民代表大会的最高法律地位，主要表现在以下五个方面：

第一，全国人民代表大会是全国人民的代表机关。全国人民代表大会由省、自治区、直辖市、特别行政区和军队选出的代表组成。这种组成方式决定了与地方各级人民代表大会不同，全国人民代表大会不是只代表某一行政区域的人民的利益和意志，而是代表着全国人民，是全国人民的利益和意志的最高体现者。它对全国人民负责，并且受全国人民的监督。

第二，全国人民代表大会及其常务委员会行使国家立法权。全国人民代表大会所具有的制定法律的权力，属于国家的最高权力。在立法方面，尤其能够体现全国人民代表大会的最高地位的是，作为国家的根本大法的宪法，只有具有最高法律地位的机关才能制定和修改它，而全国人民代表大会正是中国有权制定和修改宪法的唯一机关。

第三，其他最高国家机关由全国人民代表大会产生并向它负责，受它监督。全国人民代表大会选举并且有权罢免它的常务委员会的组成人员；选举并且有权罢免中华人民共和国主席团、副主席团。国务院、中央军事委员会、最高人民法院和最高人民检察院等最高国家机关，都由全国人民代表大会及其常务委员会产生，都向它们负责，并接受它们的监督。

第四，全国性重大问题由全国人民代表大会决定。宪法规定，全国人民代表大会有权审查与批准国家的国民经济和社会发展计划及计划执行情况的报告、国家的预算和预算执行情况的报告。全国人民代表大会有权决定关系到国计民生的重大问题，例如，省、自治区和直辖市的建制，特别行政区的设立及其制度等，都由全国人民代表大会批准或决定；关系国家安全的战争与和平问题，也由全国人民代表大会决定。

第五，全国人民代表大会在国家政治生活中处于最高的法律监督地位。根据宪法的规定，全国人民代表大会及其常务委员会有权监督宪法的实施。全国人民代表大会有权改变或者撤销全国人民代表大会常务委员会不适当的决定。全国人民代表大会常务委员会对全国人民代表大会负责并报告工作。国务院对全国人民代表大会负责并报告工作。在全国人民代表大会闭会期间，对全国人民代表大会常务委员会负责并报告工作。中央军事委员会主席团对全国人民代表大会和全国人民代表大会常务委员会负责；最高人民法院和最高人民检察院都对全国人民代表大会及其常务委员会负责。这些制度、规定都鲜明地表明，全国人民代表大会对其他国家机关有最高的监督权。

宪法规定："全国人民代表大会由省、自治区、直辖市、特别行政区和军队选出的代表组成。各少数民族都应当有适当名额的代表。"这是全国人民代表大会的组成原则。

这一原则有两层含义：第一，全国人民代表大会代表的产生采取选举制。《选举法》明确规定："全国人民代表大会的代表，由省、自治区、直辖市的人民代表大会和人民解放军选举产生。"第二，全国人民代表大会代表的选举采取间接选举制，即不是由选民直接选举全国人民代表大会代表，而是由各省、自治区、直辖市的人民代表大会和特别行政区选举会议，选举本行政区域出席全国人民代表大会的代表，由解放军的各单位的军人代表大会选举解放军出席全国人民代表大会的代表。

根据中国的国家性质，人民代表大会代表的构成主要是工人、农民、知识分子和国家干部，人民解放军的代表也占相当比例。我们国家实行的是中国共产党领导的多党合作和政治协商制度，共产党是执政党，所以，中共党员在各级人民代表大会代表中至少占60%以上，各民主党派代表在正常情况下，也要达将近20%。同时，为保证各少数民族当家做主的权力，法律规定，少数民族的全国人民代表大会代表通常要达12%以上。

全国人民代表大会的任期，每届为5年。全国人民代表大会任期届满的两个月前，由全国人民代表大会常务委员会完成下届全国人民代表大会代表的选举。

全国人民代表大会会议每年举行一次，由全国人民代表大会常务委员会召集。如果全国人民代表大会常务委员会认为必要或者有1/2以上的全国人民代表大会代表提议，可以临时召集全国人民代表大会会议。

全国人民代表大会代表的名额不超过3000人。名额的分配由全国人民代表大会常务委员会根据情况决定。

由人民代表大会代表组成的全国人民代表大会的职权，包括最高立法权、最高决定权、最高任免权、最高监督权，以及应当由最高国家权力机关行使的其他职权。

二、全国人民代表大会常务委员会

全国人民代表大会设常务委员会，是中国人民代表大会与国外议会组织在制度上的显著不同。

国外议会有一院或者两院，每院议会有若干常设委员会为工作机构。但不管是一院还是两院，议会权力都是差不多，作出有法律效力的决定，都只能是在全院议会上。

而中国的人民代表大会常务委员会，则是在人民代表大会闭会期间，行使部分人民代表大会权力的常设机关。所以，有人把人民代表大会常务委员会称为"议会中的议会"。

全国人民代表大会常务委员会建立以来的实践证明，这是一项适合中国国情的行之有效的制度。第一，它完善了中国的社会主义政治制度。全国人民代表大会代表构成复杂、人数多，每次会议只能集中解决国家生活中根本性的问题。这就需要在平时，有一个专门的机构，来处理最高国家权力机关的经常性事务，而全国人民代表大会常务委员会正是这样一个适合的机构。它的组成人员的数量较少，多数具有某种专业知识或者在某些方面具有重大影响，便于会议召开，便于商量和讨论问题、提高决策质量。第二，全国人民代表大会常务委员会的设立有利于加强对其他国家机关的监督。最高国家权力机关的职能之一就是监督其他最高国家机关的工作。这种监督是全面的，也是具体的，由全国人民代表大会来实施监督，在短短的会期内是无法胜任这一要求的。由全国人民代表大会常务委员会来监督国务院、最高人民法院、最高人民检察院等最高国家机关的工作，对于加强最高国家权力机关对其他最高国家机关的经常性监督，不仅十分必要，而且很便利。

全国人民代表大会常务委员会由委员长1人，副委员长若干人，秘书长1人和委员若干人组成。由每届全国人民代表大会选举产生，每届任期5年，但常务委员会行使职权到下届全国人民代表大会选出新的全国人民代表大会常务委员会为止。

全国人民代表大会常务委员会的领导机构是委员长会议。它由委员长、副委员长、秘书长组成，负责处理常务委员会的重要日常工作。其主要职责有：决定常务委员会每次会议的召开日期和会期，拟订会议议程草案。向常务委员会提出属于常务委员会职权内的议案；对其他机关向常务委员会提出的议案和质询案，决定交由有关的专门委员会审议或提请常务委员会全体会议审议，决定回答质询案的方式；处理有关人事任免事项，提交常务委员会审议的有关程序问题；指导和协调各专门委员会的日常工作；向常务委员会提名全国人民代表大会各专门委员会个别委员人选或顾问人选；处理常务委员会其他重要日常工作；决定常务委员会机关工作的重大事项。

全国人民代表大会常务委员会有立法权；宪法、法律解释权；任免权；决定权；监督权；参与全国人民代表大会的组织工作权；全国人民代表大会授予的其他职权。

三、全国人民代表大会的专门委员会

为了加强最高国家权力机关的工作，宪法规定，全国人民代表大会设立若干专门委员会。各专门委员会不具有权力机关的性质，而是在权力机关的领导下担负某种专门任务的机构。

专门委员会是人民代表大会的常设工作机构，国外一般称常设委员会。

现代议会设常设委员会，是适应国家管理事务复杂化和专门化的需要而发展起来的。早期的议会没有常设委员会，后来议会立法的专业性大大加强，许多技术方面和专业管理方面的立法，靠议会的"通才"是难以制定的，需要专业人才。于是，把议会某方面的专家集中在一起研究制定这方面的法律就更容易、更科学。更主要的是，政府因管理日益复杂的事务而膨胀起来的权力，使议会对政府的控制力大大下降。所以，议会为加强对政府的监督、控制，才成立与政府相对口的专业部门，它们专门研究、了解政府有关部门的活动，研究政府的有关政策，从而实现对政府活动经常、有效的监督、控制。

宪法总结了这方面的经验，并借鉴外国代议机构设立专门委员会的做法，作出了更加明确的规定，在全国人民代表大会先后设立了民族委员会、法律委员会、财政经济委员会、教育科学文化卫生委员会、外事委员会、华侨委员会和内务司法委员会、环境与资源保护委员会、农业与农村委员会等九个专门委员会，如有需要，还可增设其他的专门委员会。

作为人民代表大会的常设工作机构，专门委员会由每届人民代表大会第一次会议选举产生。专门委员会对人民代表大会负责并报告工作，人民代表大会闭会期间，受人民代表大会常务委员会领导。

专门委员会由主任委员、副主任委员若干人和委员若干人组成。现全国人民代表大会各专门委员会组成人员有十至三十几人不等。各专门委员会主任委员主持委员会会议和委员会的工作，副主任委员协助其工作。有关法律规定，各专门委员会可以根据工作需要，由全国人民代表大会常务委员会任命专家若干人为顾问，顾问可以列席委员会会议，发表意见。

各专门委员会的主任委员、副主任委员和委员的人选，由每届全国人民代表大会第一次会议主席团从代表中提出一份名单，由全国人民代表大会全体会议表决通过，没有差额。

在全国人民代表大会闭会期间，全国人民代表大会常务委员会可补充任命专门委员会的个别副主任委员和部分委员，由委员长会议提名，交常务委员会全体会议通过。在人民代表大会会议初期选举阶段进行选举。这是因为财经委员会在换届的大会初期，就要审查国民经济与社会发展计划和预算。

全国人民代表大会专门委员会的职权是在全国人民代表大会及其常务委员会的领导下，协助全国人民代表大会及其常务委员会行使职权。《中华人民共和国全国人民代表大会组织法》对它的职权规定包括：在全国人民代表大会及其常务委员会领导下研究、审议和拟订有关议案；协助全国人民代表大会及其常务委员会行使监督权,对法律和有关法律问题的决议、决定贯彻实施情况进行检查监督。

不同的专门委员会,它们的工作职责和范围各不相同。但是,有关法律对两个专门委员会赋予了特殊职责:民族委员会,要审议报请全国人民代表大会常务委员会批准的五个自治区的自治条例和单行条例,向全国人民代表大会常务委员会提出报告;并对加强民族团结问题进行调查研究,提出建议。法律委员会,统一审议向全国人民代表大会或全国人民代表大会常务委员会提出的法律案;其他专门委员会就有关的法律案进行审议,向法律委员会提出意见,并印发全国人民代表大会会议或者常务委员会会议。

此外,全国人民代表大会专门委员会还要加强同全国人民代表大会代表和地方人民代表大会有关专门委员会的联系,并抓好专门委员会的自身建设等工作。

专门委员会在审议议案和有关报告,涉及专门性问题的时候,可以邀请有关方面的代表和专家列席会议,发表意见。

专门委员会根据特殊需要,还可以决定举行秘密会议。

近年来,为适应和配合全国人民代表大会及其常务委员会,在立法和监督方面工作的推进,积极参与立法和协助进行监督已成为各专门委员会的工作重点。各专门委员会都相应制订了议事规则,根据法律的规定,对本委员会的议事程序作出进一步的具体规定。

需要注意的是,各专门委员会的上述工作并不是代替全国人民代表大会及其常务委员会行使职权,而是向全国人民代表大会或全国人民代表大会常务委员会提出报告、议案和建议。这些报告、议案和建议并不是具有法律效力的最后决议,而是提请全国人民代表大会或者全国人民代表大会常务委员会决策的重要参考意见。只有全国人民代表大会及其常务委员会通过的决议,才具有法律效力。这一点表明专门委员会不具有权力机关性质的特点。

第二节　地方各级人民代表大会及其常务委员会

中国的人民代表大会,从中央到地方共有五级,即全国人民代表大会,省、自治区、直辖市人民代表大会,设区的市、自治州人民代表大会,县、不设区的市、市辖区人民代表大会,乡、镇人民代表大会。

这五级人民代表大会,是就全国总体而言的。在直辖市缺少设区的市、自治州一级，只有三级人民代表大会，即直辖市、区和乡三级；在省、自治区，县和省之间，有一级设区的市和自治州人民代表大会，这些地方的人民代表大会有四级。这是人民代表大会的纵向组织体系。

人民代表大会的内部组织则有两种：乡镇一级人民代表大会不设常务委员会，人民代表大会主要在召开代表大会会议时发挥作用；县级以上各级人民代表大会都设有常务委员会，常务委员会为人民代表大会闭会期间的常设机关。

一、地方各级人民代表大会

地方各级人民代表大会的性质是地方国家权力机关。

地方各级人民代表大会之所以具有地方国家权力机关的法律地位，首先，在于它们是本地方人民的代表机关，由本地方的人民选举产生，对本地方的人民负责，受本地方的人民监督。其次，它们产生并且有权监督本级其他国家机关。县级以上的地方各级人民代表大会产生本级人民政府、人民法院和人民检察院，并监督其工作，乡、民族乡、镇的人民代表大会产生乡、镇人民政府，并监督其工作。再次，它们决定本地方的重大问题。县级以上的地方各级人民代表大会，讨论和决定本行政区域内的政治、经济、教育、科学、文化、卫生、环境和资源保护、民政、民族等工作的重大事项；乡、镇人民代表大会决定本行政区域内的经济、文化事业和公共事业的建设计划，决定民政工作的实施计划。第四，它们通过和发布的决议，特别是省、自治区、直辖市，以及省、自治区人民政府所在地的市和国务院批准的较大的市的人民代表大会及其常务委员会制定的地方性法规，在本行政区域内具有普遍的约束力，一切有关的机关、团体和个人，都必须遵守和执行。

省级与设区的市、自治州级人民代表大会，由下一级人民代表大会选举产生的代表组成；县级人民代表大会代表，由选民直接选举产生的代表组成。各省、自治区、直辖市人民代表大会代表的具体名额，由全国人民代表大会常务委员会依法确定；各设区的市、自治州、县、自治县、不设区的市、市辖区人民代表大会代表的具体名额，由省级人民代表大会常务委员会依法确定，报全国人民代表大会常务委员会备案。地方人民代表大会代表总名额经确定后，一般不再变动。

县级以上地方各级人民代表大会的职权包括：保证宪法、法律、行政法规和决定的实施；决定本行政区域内的重大事情；组织国家机关，选举国家机关领导人；监督权；维护公共利益，保护公民权利；制定地方性法规。

乡级人民代表大会，是中国基层的国家权力机关，也是人民代表大会制度的基础，是乡、镇人民行使民主权利的基本形式。它在乡、镇一级基层政权中处于首要地位，乡、镇政府是它的执行机关，向它负责，受它监督。

根据《选举法》规定，乡、民族乡、镇的人民代表大会代表，由选民直接选举产生。各乡、镇人民代表大会代表的具体名额，由县级人民代表大会常务委员会依法确定，报上一级人民代表大会常务委员会备案。人民代表大会代表总名额经确定后，一般不再变动。

乡、民族乡、镇的人民代表大会，每届任期与县级以上各级人民代表大会的任期相同，为5年。

乡级人民代表大会的职权，可以归纳为五个方面：

第一，保证权。即保证宪法、法律、行政法规、地方性法规和上级人民代表大会及其常务委员会的决议，在本乡（镇）的贯彻实施。

第二，决定权。即决定本乡（镇）内的重大事项。

第三，选举权。即选举本乡（镇）的人民代表大会主席团、副主席团，乡长、副乡长，镇长、副镇长。

第四，监督权。即监督本乡（镇）人民政府遵守和执行宪法、法律、法规和国家的方针、政策；监督乡（镇）人民政府对上级人民代表大会及其常务委员会和本级人民代表大会决议、决定的贯彻执行；监督乡（镇）人民政府对本乡（镇）的各项事业的建设计划、工作计划和重大经济决策实施以及财政预算的执行；监督乡（镇）人民政府对人民代表大会代表的建议、批评和意见的办理；监督乡（镇）人民政府的干部和工作人员的履职情况。

第五，罢免权。即在乡（镇）人民代表大会举行会议时，主席团或者1/5以上人民代表大会代表联名，可以对人民代表大会主席团、副主席团，乡长、副乡长，镇长、副镇长提出罢免案，由主席团提请大会审议。

二、地方各级人民代表大会常务委员会

宪法规定，县级以上的地方各级人民代表大会设立常务委员会，而乡一级的人民代表大会则不设常务委员会。

这是因为乡一级的人民代表大会，经常性工作少，所辖区域较小，代表人数相对比较少，容易召集全体会议来决定

本地区内的重大事情，因而没有必要设常设机构。

县级以上地方各级人民代表大会设立常务委员会，具有重大意义。第一，可加强人民代表大会的作用，便于它及时解决需要由地方各级国家权力机关解决的重大问题；第二，能加强人民代表大会的监督职能，便于它加强对国家行政机关、审判机关、检察机关进行监督，避免国家行政机关对审判机关和检察机关的工作进行干预；第三，会加强代表联系工作，便于全国人民代表大会代表和省、自治区、直辖市的人民代表大会代表以及设区的市及自治州的人民代表大会代表与原选举单位保持经常的联系，加强原选举单位对所选出的人民代表大会代表进行经常性的监督，便于及时撤换不称职的代表；第四，便于及时地、有充分准备地定期召开和开好人民代表大会会议。

省、市、县级人民代表大会会议每年召开两次，乡级人民代表大会每年可召开四次。

省、自治区、直辖市、自治州和设区的市的人民代表大会常务委员会由主任1人、副主任若干人、秘书长1人、委员若干人组成。

县级人民代表大会常务委员会组成人员除不设秘书长

外，其他人员结构情况与省级人民代表大会常务委员会相同。

根据《地方人民代表大会和地方政府组织法》，省级人民代表大会常务委员会组成人员，一般有35人至65人，人口超过8000万的省不超过85人。自治州、设区的市的人民代表大会常务委员会组成人员，一般有13人至35人，人口超过800万的市不超过45人。县级人民代表大会常务委员会组成人员，一般有11人至23人，人口超过100万的县（市、区）不超过29人。

县级以上的地方各级人民代表大会常务委员会组成人员，由本级人民代表大会会议主席团提名。省级人民代表大会代表30人以上书面联名，设区的市和自治州人民代表大会代表20人以上书面联名，县级人民代表大会代表10人以上书面联名，也可以提出候选人，但是，无论是主席团还是人民代表大会代表提名都不能超过应选名额。

如果所有提出的候选人符合选举办法规定的差额数，进行差额选举。如果所有提出的候选人超过法定差额数，可进行预选，根据得票多少，确定正式候选人后，再选举产生常务委员会组成人员。

常务委员会委员的候选人数，比应选人数多1/10至1/5。常务委员会副主任的候选人数，比应选人数多1人至3人。常务委员会主任、秘书长的候选人数，一般应多1人，进行差额选举，如所提候选人只有1人也可以实行等额选举。

县级以上地方各级人民代表大会常务委员会每届任期，同本级人民代表大会每届任期相同，即每届5年。它行使职权到下届本级人民代表大会选出新的常务委员会为止。

县级以上地方各级人民代表大会常务委员会的职权，可以归纳为以下五方面：

其一，按期召集人民代表大会会议，召开常务委员会会议。

其二，对本级人民政府和人民法院、人民检察院的工作实行监督，保证宪法、法律、行政法规在本地区的贯彻实施，保证国家的方针、政策和上级人民代表大会及其常务委员会决议、决定的贯彻实施，督促国家机关工作人员廉洁奉公、勤政务实、全心全意为人民服务。

其三，重大事项决定权。包括：讨论、决定本行政区域内的政治、经济、教育、科学、文化、卫生、环境和资源保护、民改、民族等工作的重大事项；根据本级人民政府的建议，决定对本行政区域内的国民经济计划和社会发展计划、预算的部分变更；决定授予地方性的荣誉称号等。

其四，人事任免权。

包括：在本级人民代表大会闭会期间，决定本级人民政府副职领导人的个别任免。

在本级人民政府、人民法院和人民检察院正职领导人员，因故不能担任职务时，从本级人民政府、人民法院和人民检察院副职领导人员中，决定代理人选；决定代理检察长，须报上一级人民检察院和人民代表大会常务委员会备案。

根据本级人民政府正职领导人的提名，决定本级人民政府其他组成人员的任免，并报上一级人民政府备案。

按照《人民法院组织法》和《人民检察院组织法》的规定，任免人民法院副院长、庭长、副庭长、审判委员会委员、审判员，任免人民检察院副检察长、检察委员会委员、检察员，批准任免下一级人民检察院检察长。

省级人民代表大会常务委员会根据主任会议提名，决定本行政区域内中级人民法院院长的任免；根据省级人民检察院检察长的提名，决定人民检察院分院检察长的任免。

在本级人民代表大会闭会期间，决定撤销本级人民政府个别副职领导人员的职务；决定撤销由它任命的本级人民政府其他组成人员和人民法院副院长、庭长、副庭长、审判委员会委员、审判员，人民检察院副检察长、检察委员会委员、检察员，中级人民法院院长，人民检察院分院检察长的职务。

其五，地方立法权。

省、自治区、直辖市的人民代表大会常务委员会，较大的市的人民代表大会常务委员会，在本级人民代表大会闭会期间，根据本行政区域的具体情况和实际需要，可以依法制定地方性法规。

省、自治区、直辖市的人民代表大会常务委员会制定的地方性法规，须报全国人民代表大会常务委员会和国务院备案；较大的市的人民代表大会常务委员会制定的地方性法规，须报省、自治区人民代表大会常务委员会批准后实施，并由省级人民代表大会常务委员会报全国人民代表大会常务委员会和国务院备案。

第三节　全国人民代表大会和地方各级人民代表大会的关系

中国的政权组织体系，从结构上可分纵、横两个方面。

一、政权组织体系的横向结构

政权组织体系的横向结构是指中央和各级地方政权,由哪些机关构成,它们的相互关系如何。这个问题向来比较明确:

宪法和有关法律规定,中华人民共和国各省、自治区、直辖市、自治州、县、自治县、市、市辖区、乡、民族乡、镇设立人民代表大会,地方各级人民代表大会都是地方国家权力机关。县级以上的地方各级人民代表大会,设立常务委员会。人民代表大会是国家权力机关,行政机关、审判机关和检察机关由它产生,对它负责并受它监督。这就是中国政权组织体系的横向结构。

二、政权组织体系的纵向结构

政权组织体系的纵向结构,是指国家整体与局部、中央和地方之间的关系。在纵向结构上,宪法对行政机关、审判机关和检察机关上下级之间的关系都有明确规定。

但对权力机关,也就是人民代表大会上下级之间的关系,没有作出明确规定。上下级人民代表大会,尤其是全国人民代表大会和地方各级人民代表大会之间的关系，可以通过宪法和法律的相关条文以及国家实际的政治制度体现出来。

从国家结构形式来看，世界上主要有单一制和复合制两种国家结构形式。

单一制形式的国家，是由若干行政区域构成的统一主权国家，各级地方政权行使的职权来源于中央授权，并非地方所固有，因此，中央既可以授予地方权力，亦可以收回授予地方的权力。

复合制形式的国家，是由若干独立的国家或相当于国家的政治实体，如：共和国、邦或州，联合组成的国家联盟。按照联合程度不同，复合制国家又可分为联邦制和邦联制两种形式。

中国是典型的单一制国家。这体现在中央和地方的国家机构职权的划分，遵循中央的统一领导下，发挥地方的主动性、积极性。全国人民代表大会与地方各级人民代表大会的关系，是中央与地方关系的一部分，也必须遵守中央与地方关系的基本原则。

全国人民代表大会和地方各级人民代表大会的关系，主要体现在宪法及有关法律的某些规定上：

省、自治区、直辖市的人民代表大会及其常务委员会，根据本行政区域的具体情况和实际需要，在不同宪法、法律、行政法规相抵触的情况下，可以制定地方性法规，报全国人民代表大会常务委员会和国务院备案。

较大的市的人民代表大会及其常务委员会，可以制定地方性法规，报省、自治区的人民代表大会常务委员会批准后施行，并由省、自治区的人民代表大会常务委员会报全国人民代表大会常务委员会和国务院备案。

全国人民代表大会常务委员会，有权撤销省、自治区、直辖市的人民代表大会及其常务委员会制定的同宪法、法律和行政法规相抵触的地方性法规和决议。

自治区的人民代表大会制定的自治条例和单行条例，报全国人民代表大会常务委员会批准后生效。自治州、自治县的人民代表大会制定的自治条例和单行条例，报省、自治区或直辖市的人民代表大会常务委员会，批准后生效，并报全国人民代表大会常务委员会和国务院备案。

全国人民代表大会常务委员会举行会议的时候，各省、自治区、直辖市的人民代表大会常务委员会主任或者副主任一人列席会议；必要的时候，可以邀请有关的全国人民代表大会代表列席会议。

全国人民代表大会常务委员会主持全国人民代表大会代表的选举，并在地方各级人民代表大会换届选举中，对各省、自治区、直辖市人民代表大会及其常务委员会向全国人民代表大会常务委员会提出的有关法律实施的问题，给予答复。

综上，简单地说，全国人民代表大会和地方各级人民代表大会之间关系可以表述为三方面：

第一，法律上的监督与被监督关系。但全国人民代表大会与地方各级人民代表大会的这种监督关系，是一种单向关系，而不是相互监督关系。第二，业务上的指导与被指导关系。这种指导关系体现在，全国人民代表大会指导地方各级人民代表大会，更准确、更有效地遵守与执行宪法和法律，总结地方各级人民代表大会经验、做法，对地方各级人民代表大会工作中提出的问题，给予理论上的指导和权威的解答。第三，工作上的联系关系。全国人民代表大会代表由各省、自治区、直辖市人民代表大会和特别行政区、军队选举产生。因此，全国人民代表大会及其常务委员会要联系全国人民代表大会代表，就必须要做好与代表选举单位的联系工作。

第四章 人民代表大会的职权

人民代表大会，包括其常务委员会的职权，是人民代表大会制度的核心内容。

第一节 人民代表大会职权的分类

按照宪法和法律的规定，人民代表大会及其常务委员会的职权，一般各有十几项，种类繁多，彼此交叉。

理论上，人民代表大会及其常务委员会的职权可划分为四大类，即立法权、重大事项决定权、任免权和监督权。但是，县一级的人民代表大会没有立法权。

在现实中，这四大类职权，存在交叉和划分不清的问题。比如，人事罢免，既可以算作监督权的实施范围，也可算作任免权的一种；有些具有法律性质的决定，按其效力来说，可以说是行使立法权，但按其形式，则又是行使重大事项决定权。

为了避免这种混乱状况,实践中,人民代表大会及其常务委员会的职权,一般分作两大类,也就是立法权和监督权,传统划为决定权和任免权的职权也被列入这两大类。这样既简洁,也避免了划分不清的问题。

第二节 人民代表大会的立法权

中国的人民代表大会,具有多项职权。但立法权,无疑是其中最重要的。

立法,是指享有立法权的国家机关,依据法定的权限和程序,制定、认可、修改或废止具有法律效力的规范性法律文件的活动。

立法权,是全国人民代表大会及其常务委员会制定法律的权力。地方各级国家权力机关的立法活动,是全国人民代表大会立法权的一部分,是在全国人民代表大会制定的法律基础上产生的。这是因为,立法权是国家的一种权能,是国家主权的表现,一个国家的主权只能由一个最高机关行使,因而立法权也只能有一个。

一、立法权的基本理论

中国是一个统一的、多民族的、单一制的社会主义国家。地域辽阔，人口众多，地区之间发展不平衡。由此，形成了中国所特有的统一而分层次的立法体制和立法原则。

宪法和《地方各级人民代表大会以及地方各级人民政府组织法》等法律与有关的决定，是理解中国立法体制的依据。特别是2003年3月，第九届全国人民代表大会第三次会议通过《立法法》，对中国立法体制作了进一步明确的规定。概括起来，中国的立法体制由如下的基本权限划分原则构成：

第一，全国人民代表大会和全国人民代表大会常务委员会行使国家立法权。

第二，国务院有权根据宪法和法律制定行政法规。

第三，省、自治区、直辖市的人民代表大会及其常务委员会，在不同宪法、法律、行政法规相抵触的前提下，可以制定地方性法规；较大的市的人民代表大会及其常务委员会，根据本市的具体情况和实际需要，在不同宪法、法律、行政法规和本省、自治区的地方性法规相抵触的前提下，可以制定地方性法规，报省、自治区人民代表大会常务委员会批准后施行。

第四，民族自治地方的人民代表大会，有权依照当地民族的政治、经济和文化的特点，制定自治条例和单行条例，分别报全国人民代表大会常务委员会或者省级人民代表大会常务委员会批准后生效。

在立法权行使过程中，需要遵循一些基本的原则。这些原则，是正确行使立法权的保证，是立法实践经验的理论总结。

具体地说，这些原则有：

第一，以宪法为依据。这包括三层含义：其一，立法应以宪法为依据，维护国家法制的统一。宪法是国家的根本大法，其他法律的制定、行使都得遵循这一最高的行为原则。其二，宪法的目的在于规范国家权力，因而法律对政府的授权以宪法的规定为限。其三，立法权限和立法程序，应遵循宪法的规定。

第二，实事求是，从实际出发。立法活动必须根据客观实际，适应社会政治、经济发展的客观需要，符合客观规律的要求。国家立法要符合全国实际情况，地方立法要符合本地实际情况。既要积极，又要慎重；既要考虑必要性，又要考虑可行性。

第三，坚持民主原则。民主原则要求，立法必须以全国最大多数人民的最大利益为根本标准。立法要把制定保障人民行使当家做主、管理国家的权力和保障公民基本政治自由的权利放在首要地位。但立法在保护绝大多数人的最大利益时，要充分考虑和照顾到少数人的利益；坚持民主原则，也体现在立法活动的程序原则上。要实行立法公开化，探索多种多样的民主形式。

第四，地方立法的"不抵触原则"。国家维护社会主义法制的统一和尊严。一切法律、行政法规和地方性法规，都不得同宪法相抵触。违反法律、行政法规已经作出的明确规定，越权或没有法律依据的立法活动，都是禁止的。

第五，稳定与连续原则。法的稳定性，是指法律、法规公布后，在一定时期内要保持稳定，不可朝令夕改。法的稳定性，是法的生命力的表现，朝令夕改会降低法的权威性和信任度；法的连续性，是指法律、法规规定的制度，不能因领导人的改变而改变，也不能因领导人的看法和注意力的改变而改变，应当保持连续性。稳定性是相对的，不是僵化的。当客观条件已经发生变化的时候,法律就需要随之而变动,或修、或废、或制定新的法律。

二、立法权限的划分

在中国,立法权属于最高国家权力机关。但这不等于说,中国从事立法活动的机关也只能是一个。

全国人民代表大会有立法权限,其授权的国家机关也享有一定程度的立法权。用比较通俗的说法,可将立法权分为"所有权"与"使用权"。根据法律,中国的立法权,只归全国人民代表大会及其常务委员会所有。但是,国务院、省级人民代表大会、民族自治地方的人民代表大会和较大市的人民代表大会,按照法律都不同程度地享有立法权的使用权。

根据宪法和《立法法》的规定,全国人民代表大会及其常务委员会的立法权限,主要体现在以下四个方面:

第一,修改宪法。在中国,宪法的修改,要由全国人民代表大会常务委员会或者1/5以上的全国人民代表大会代表提议,并有全体代表人数的2/3以上的多数通过才能进行。

第二,制定和修改刑事与民事方面的法律。有关刑事、民事的基本法律，是指刑法、民法、刑事诉讼法、民事诉讼法等。

第三，制定和修改国家机构方面的法律。国家机构方面的法律一般是指各种组织法。目前主要有《全国人民代表大会组织法》、《全国人民代表大会议事规则》、《国务院组织法》、《地方组织法》、《人民法院组织法》、《人民检察院组织法》、《全国人民代表大会及地方人民代表大会选举法》等。

第四，制定和修改其他的基本法律。如《婚姻法》、《国籍法》等一些重要法律。

此外，也包括关于特别行政区内实行的基本制度的法律。

国务院是行政机关，不享有立法权。但是有权根据宪法和法律制定行政法规。这种权力，就是国家最高行政机关国务院的行政法规创制权，是国家立法权的派生权，它的法律效力低于国家法律，不得与宪法和法律相抵触。

国务院制定的行政法规，一是执行和实施宪法和法律方面的立法；二是国家尚未制定的行政管理法律方面的立法；三是需要在全国统一的具有专门性、技术性、全局性的行政管理的立法；四是行政机关内部，统一制度和办事程序方面的立法；五是授权方面的立法。

地方各级人民代表大会及其常务委员会的立法权限，总的来说，是指地方各级人民代表大会及其常务委员会，有权根据宪法和法律的规定制定地方性法规，但不得与法律或者行政法规相抵触，否则无效。

上述权限划分，是比较一般性的。除了这些立法权外，特殊的地区还有特殊的立法权。比如，自治地方的立法权、特别经济区、特别行政区等也被授权享有某些立法权。

三、立法程序

立法程序是一个过程，这个过程须经一定的时间，使社会各种意见充分表达。立法程序是从立法实践中科学总结出来的，是立法质量的保证。

立法程序是国家立法机关制定法律、法规必需的步骤，包括法律、法规的起草，草案的提出、审议、表决、公布等五个环节。

首先，是法律的起草环节。

法律起草，是立法工作程序的起点，为立法提供最基本的文本。这一阶段的具体环节，根据需要起草的法律不同而有较大差异。不同的法律，其起草机关和起草过程中的分工是不一样的。现行法律对法律草案的起草人没有规定。通常做法是：由法律议案的提案人或提案人所属部门或工作机关起草。

其次，是法律议案的提出环节。

法律、法规的制定、认可、修改、废止，都需要首先提出议案，作为立法机关进行审议、修改、补充的依据。没有议案提出，立法工作将无法进行。

有权向全国人民代表大会及其常务委员会提出法律提案的主体包括：全国人民代表大会会议主席团、全国人民代表大会常务委员会、全国人民代表大会的一个代表团和特定人数以上的全国人民代表大会代表联名、全国人民代表大会常务委员会委员长会议、全国人民代表大会各专门委员会、国务院、中央军事委员会、最高人民法院、最高人民检察院等。

县级以上地方各级人民代表大会常务委员会的主任会议，可以向本级人民代表大会常务委员会提出属于常务委员会职权范围内的议案，由常务委员会会议审议；县级以上地方各级人民政府、人民代表大会各专门委员会，可以向本级人民代表大会常务委员会提出属于常务委员会职权范围内的议案，由主任会议决定提请常务委员会会议审议，或者先交有关专门委员会审议、提出报告，再提请常务委员会会议审议。

再次，是法律议案的审议环节。

这是立法程序中，花费时间最长、投入精力最多的中心环节。

法律案的审议一般分为两个步骤：先是由各代表团或专门委员会审议并提出意见和报告，再交立法机关全体代表会议进行审议。如果说，议案是由全国人民代表大会决定的法律，那就要交人民代表大会审议；如果说，议案是要交全国人民代表大会常务委员会来审议的，就交全国人民代表大会常务委员会。

第四，是法律的通过环节。

法律的通过，可以采取无记名投票方式，也可以采取举手表决方式，近几年来采取电子表决器进行表决。

一般的法律，由全国人民代表大会代表1/2以上同意，即可通过；而宪法，则必须有全体代表人数的2/3以上的多数通过，才能通过。

地方性法规通过以后，还需要报上级人民代表大会常务委员会备案审查。

第五，是法律的公布环节。

全国人民代表大会及其常务委员会审议的法律通过后，由国家主席团签署主席团令予以公布。

地方性法规通过后，由大会主席团或者常务委员会发布公告予以公布。

获得通过的法律、地方性法规，应当刊登在制定机关的公报和指定的官方报纸上。以全国人民代表大会常务委员会通过的法律为例，法律签署公布后，在全国人民代表大会常务委员会公报和在全国范围内发行的报纸上刊登。在常务委员会公报上刊登的法律文本是标准文本，各种文本之间意见不一致时，以常务委员会公报刊登的文本为准。自治条例和单行条例经批准后，由自治区、自治州、自治县的人民代表大会常务委员会公告予以公布。

法律一经公布，立法程序即告结束。这就是人民代表大会立法权行使的全部过程。

第三节　人民代表大会的监督权

监督权是宪法赋予人民代表大会及其常务委员会的一项

重要职权。

人民代表大会及其常务委员会依照宪法和法律规定的权限与程序行使监督权，既是对其他国家机关的一种必要制约，也是对有关国家机关工作的支持和促进，有利于保证国家政治、社会和经济生活的民主化与法制化，是保证国家机关依法行使职权、维护人民合法权益的有效方法。

一、人民代表大会监督的主体、对象及原则

人民代表大会的监督权，是指各级人民代表大会及其常务委员会，为全面保证国家法律的实施和维护人民的根本利益，防止行政、司法机关滥用权力，通过法定的方式和程序，对由它产生的国家机关实施的检查、调查、督促、纠正、处理的强制性权力。

人民代表大会监督的实质，是以权力制约权力，从制度上保证国家机器，按照人民的意志和需要运转。

人民代表大会监督权，从根本上讲就是人民当家做主的政治权力，是人民管理国家事务的重要体现。

中国人民民主专政的国家性质决定了只有人民才是国家的主人。宪法明确规定，中国的一切权力属于人民，人民行

使国家权力的机关是各级人民代表大会和它的常务委员会。国家的行政、审判、检察等机关都由它产生，受它监督，并由它任免。人民代表大会及其常务委员会能够对国家的一切重大问题作出决定，并监督其实施。其他国家机关，绝不能脱离或者违背人民代表大会及其常务委员会的意志进行活动。同时，人民代表大会及其常务委员会，又必须接受人民的监督，人民有权撤换自己选出的人民代表大会代表。这是中国国家机构设置和活动的根本原则。

人民代表大会监督权的主体，是指人民代表大会监督权力的承担者，也就是谁有权去行使人民代表大会的监督职权。根据法律规定，监督权只能由各级人民代表大会及其常务委员会行使，而不能由其他任何组织或个人行使。人民代表大会及其常务委员会也不能将自己的监督权，委托或转让给其他组织或个人行使。

人民代表大会监督权的对象，是指由宪法规定的人民代表大会监督权所指向的客体。

根据宪法和有关法律的规定，人民代表大会及其常务委员会的监督对象，主要包括三个方面：一是由人民代表大会产生的国家机构，即本级人民政府及其各组成部门、法院、检察院；二是由人民代表大会选举、任命或者常务委员会任命的国家机关的领导人员，具体说，是指那些由人民代表大会及其常务委员会产生的，并向人民代表大会及其常务委员会负责的国家机关组成人员，包括本级行政、审判和检察机关的组成人员；三是下一级国家权力机构。

就全国人民代表大会而言，其监督对象还包括国家主席团、副主席团，中央军事委员会。全国人民代表大会及其常务委员会还是宪法监督机关，所以，它的宪法监督权对象还包括各政党、各社会团体和各企事业组织。

关于人民代表大会监督的对象，有三个值得注意的问题：

第一，人民代表大会不能监督普通公民和国家公务人员。人民代表大会及其常务委员会，只能监督它所产生的国家机关以及构成这些国家机关的组成人员。就法律监督而言，它还可以监督下一级人民代表大会及其常务委员会。国家权力机关，不能直接监督普通公民和公务人员守法的情况，否则就混淆了同国家执行机关的职权。

第二，虽然人民代表大会按法律规定，只能监督由它产生的国家机关及其组成人员，而不能对非国家机关的政党实施监督，但当党以领导国家机关的方式进行活动的时候，它就要受到人民代表大会的监督。

第三，人民代表大会实施监督权的时候，应该注意监督对象的层次性。在中国的国家权力系统中，是实行中央集中监督和地方分级监督相结合的。

按照宪法规定，监督宪法的实施是专属于全国人民代表大会和它的常务委员会的权力。这种最高的监督权体现在：全国人民代表大会及其常务委员会，有权撤销国务院制定的同宪法、法律相抵触的行政法规、决定和命令，有权撤销省、自治区、直辖市国家权力机关制定的同宪法、法律和行政法规相抵触的地方性法规和决议。

地方各级人民代表大会及其常务委员会的监督权，只在本行政区域内有效。县级以上各级人民代表大会及其常务委员会的监督权，包括监督本级政府、法院、检察院的工作，撤销本级政府和下一级人民代表大会及其常务委员会不适当的决议、决定和命令等。

这些规定表明，各级权力机关的监督权限划分得很清楚，不能互相混淆。

人民代表大会执行其监督权的时候，为保证人民代表大会监督在正确的方向上运行，应遵循下列重要的原则：

第一，依法进行监督的原则。人民代表大会及其常务委员会监督的对象、内容、方式，都要严格符合宪法和法律的规定，即在法律规定的职权范围内，按照法定程序进行，做到既不失职，又不越权。在人民代表大会及其常务委员会统一行使国家权力的同时，保证国家的行政权、审判权、检察权的实现。

第二，集体进行监督的原则。人民代表大会监督内容的确定、行为的实施、结果的落实，都要按照民主集中制的要求，经过集体讨论，通过会议表决，集体来决定，不能由少数人说了算。

第三，公开进行监督的原则。这一原则包括：人民代表大会及其常务委员会监督的情况和结果要向社会公布，但法律规定需要保密的除外；人民代表大会及其常务委员会的监督工作，要接受人民群众的监督。

第四，事后监督的原则。这一原则要求，人民代表大会监督手段的实施一般都发生在事发之后。例如，对立法的监督，常常是对已制定或已生效的法律、法规进行审查。强调人民代表大会对行政、司法机关监督的事后性，有利于维护行政、司法机关的自由裁量权和独立行使职权。

第五，间接性原则。即人民代表大会在行使它的监督权时，主要或尽可能地通过间接手段来达到监督目的，一般不直接去纠正、处理违法行为。这既是其他国家机关正常发挥其职能的前提，也是提高人民代表大会监督效率和监督质量的必要条件。

二、人民代表大会监督的权限

人民代表大会及其常务委员会主要监督宪法的实施，法律的实施，监督"一府两院"的工作。一般来说，监督内容分为法律监督和工作监督。

具体地说，各级人民代表大会及其常务委员会监督的权限不同。

全国人民代表大会的监督权限包括：监督宪法的实施；审查和批准国民经济和社会发展计划以及计划执行情况的报告；审查和批准国家的预算及预算执行情况的报告；改变或者撤销全国人民代表大会常务委员会不适当的决定。全国人民代表大会还通过选举、决定和罢免其他最高国家机关组成人员等，行使其监督权。全国人民代表大会常务委员会、国务院、最高人民法院和最高人民检察院对全国人民代表大会负责并报告工作，中央军事委员会主席团对全国人民代表大会负责，中华人民共和国主席团根据全国人民代表大会的决定行使职权。

全国人民代表大会常务委员会的监督权限包括：监督宪法的实施；在全国人民代表大会闭会期间，审查与批准国民经济和社会发展计划、国家预算在执行过程中所必须作的部分调整方案；监督国务院、中央军事委员会、最高人民法院和最高人民检察院的工作；撤销国务院制定的同宪法、法律相抵触的行政法规、决定和命令；撤销省、自治区、直辖市国家权力机关制定的同宪法、法律和行政法规相抵触的地方性法规与决定。在全国人民代表大会闭会期间，国务院、最高人民法院和最高人民检察院对全国人民代表大会常务委员会负责并报告工作，中央军事委员会主席团对全国人民代表大会常务委员会负责，中华人民共和国主席团根据全国人民代表大会常务委员会的决定行使职权。

县级以上地方各级人民代表大会的监督权限包括：在本行政区域内，保证宪法、法律、行政法规和上级人民代表大会及其常务委员会决议的遵守与执行，保证国家计划和国家预算的执行；审查与批准本行政区域内的国民经济和社会发展计划、预算以及它们执行情况的报告；听取与审查本级人民代表大会常务委员会的工作报告；听取和审查本级人民政府和人民法院、人民检察院的工作报告；改变或者撤销本级人民代表大会常务委员会的不适当的决议；撤销本级人民政府的不适当的决定和命令。

县级以上地方各级人民代表大会常务委员会的监督权限包括：在本行政区域内，保证宪法、法律、行政法规和上级人民代表大会及其常务委员会决议的遵守与执行；根据本级人民政府的建议，决定对本行政区域内的国民经济和社会发展计划、预算的部分变更；监督本级人民政府、人民法院和人民检察院的工作；联系本级人民代表大会代表，受理人民群众对上述机关和国家工作人员的申诉与意见；撤销下一级人民代表大会及其常务委员会的不适当的决议，撤销本级人民政府的不适当的决定和命令。

乡级人民代表大会监督权限包括：乡、民族乡、镇的人民代表大会在本行政区域内，保证宪法、法律、行政法规和上级人民代表大会及其常务委员会决议的遵守与执行；审查与批准本行政区域内的财政预算和预算执行情况的报告；听取和审查乡、民族乡、镇的人民政府的工作报告；撤销乡、民族乡、镇的人民政府的不适当的决定和命令。

此外，根据《城市规划法》的规定，城市人民政府对城市总体规划进行局部调整，涉及城市性质、规模、发展方向和总体布局重大变化的，须经同级人民代表大会或者其常务委员会审查同意。

三、人民代表大会监督的制度和方式

人民代表大会及其常务委员会的监督权要落到实处，就不得不依赖于有力的制度来保障。完善人民代表大会监督制度，必须从完善各项具体监督制度入手。具体监督制度和方式种类众多，形式多样，切实保障了监督权的落实。下面，分项简单介绍：

第一，宪法监督制度。监督宪法实施的神圣职责，只属于全国人民代表大会及其常务委员会。地方人民代表大会负有保证宪法和法律在本行政区域内遵守与执行的职责，其含义也是协助全国人民代表大会及其常务委员会监督宪法的实施。

第二，执法检查制度。人民代表大会的监督分为法律监督和工作监督。法律监督的基本形式，一是法规备案审查，也就是审查规范性文件；二是检查、监督法律的实施情况，即执法检查。执法检查是各级人民代表大会常务委员会行使监督职权的一项经常性工作，是在视察基础上发展起来的一项专门监督法律实施的工作，其目的是为了使宪法和法律切实得到贯彻实施，更好地做到"有法必依，执法必严，违法必究"。

第三，听取、审议工作报告或者汇报制度。在人民代表大会会议上，听取和审议"一府两院"的全面工作报告；在人民代表大会常务委员会会议上，听取和审议"一府两院"的专题工作报告，是各级人民代表大会实行工作监督的基本形式。

第四，财政监督制度。各级人民代表大会及其常务委员会，对财政的监督包括三方面内容：对国家和本地区内经济计划的审查和批准；对计划和预算执行情况的监督；对计划和预算执行过程中所作的部分调整和变更的审查批准。

第五，受理申诉、控告和检举制度。公民对于任何国家机关和国家工作人员的违法失职行为，有向有关国家机关提出申诉、控告或者检举的权利。县级以上的地方各级人民代表大会常务委员会受理人民群众对本级政府、法院和检察院及其工作人员的申诉和意见。凡属直接控告全国人民代表大会及其常务委员会选举、决定和任命的国家工作人员违宪违法情节严重者，由常务委员会责令有关部门查清事实，进行处理。其他申诉、控告或检举交由最高人民法院、最高人民检察院、监察部和地方人民代表大会常务委员会处理，限期向常务委员会报告结果。

第六，询问和质询制度。询问，是各级人民代表大会代表或人民代表大会常务委员会组成人员，在人民代表大会会议期间或人民代表大会常务委员会会议上审议工作报告或议案时，向有关国家机关询问、了解有关情况。质询，是各级人民代表大会代表或人民代表大会常务委员会组成人员，按照法律规定的程序，对本级国家行政机关、司法机关提出质询案，被质询的机关必须在法定的时间内，以法定的形式做出答复。

第七，人事监督制度。狭义的人事监督，是指各级人民代表大会及其常务委员会行使法律规定的，对国家机关政务类官员予以罢免和撤职、免职等的权力。广义的人事监督则把上述官员的选举、决定人选和任命行为也作为监督内容。

第八，特定问题调查制度。调查工作大致可分为两种：一为一般性调查，是人民代表大会及其常务委员会根据监督工作的需要而进行的了解情况、研究问题的活动，这主要是各专门委员会的权力；一为特定问题的调查，指根据人民代表大会及其常务委员会的决定而组织的特定问题调查委员会所进行的专门调查活动。特定问题调查是人民代表大会及其常务委员会针对某一重大问题依法组织调查委员会的一种监督方式。

第九，听证制度。这一制度已是中国一项重要的法律制度，它的确立对于加强人民代表大会的监督工作，实施依法治国方略具有重要意义。尽管听证程序的运用，目前仅限于立法领域，而在监督重大事项决定、人事任免权方面，尚未被广泛运用，但它无疑对人民代表大会及其常务委员会开展立法工作的监督具有重要意义，也将促进人民代表大会及其常务委员会对其他国家机关尤其是行政机关的监督。

听证必须遵循公平、公正、公开的原则。除涉及国家秘密、商业秘密或者个人隐私外，听证会应当公开举行，公开举行的听证会允许新闻媒体报道。

实施听证主要包括的程序有：听证的提起；听证的准备；听证的举行。

第十，代表评议制度。这是指人民代表大会闭会期间，由常务委员会组织人民代表大会代表，对本级人民政府及其所属各工作部门、人民法院和人民检察院，以及本行政区域内依法具有行政管理职能的其他工作部门的执法和工作情况进行评议。

代表评议可以针对一个部门或几个部门某个时期的工作进行，评议的内容既可以是单项的工作，也可以是全面的工作。其程序一般分为准备、调查、评议、整改四个阶段。

第十一，述职评议制度。近几年来，这种制度在许多地方人民代表大会的工作实践中得到了广泛运用，对监督"一府两院"坚持执政为民、依法从政、廉洁奉公，增强党同人民群众的血肉联系，有一定积极意义和推动作用。

第十二，执法责任制与错案追究制度。这一制度的基本做法是：对现行的国家法律和本地颁布的地方性法规，按其调整的法律关系进行分类，然后明确到有关执法主管部门，同时明确其执法范围、权限、程序和责任，并以此为基础，督促执法主管部门建立内部监督、制约机制。人民代表大会常务委员会定期或不定期地对推行执法责任制有关情况和部门执法有关情况进行检查、监督，必要时可以听取、审议司法机关关于错案责任追究工作的报告和汇报，并对错案、冤案实行责任追究制度，从而达到促进执法人员增强执法责任感、提高执法水平的目的。

第五章　人民代表大会的维系运行制度

任何机构都是通过一定的制度维系运行，并要遵循一定的规则。

人民代表大会通过选举制度产生人民代表大会代表、人民代表大会常务委员会组成人员和行政机关、审判机关、检察机关的领导人；通过各种会议制度形成立法或决议以行使职权；通过视察、联系、信访等制度保持与人民群众和社会各界的广泛联系。

第一节　人民代表大会的选举任免制度

选举是具有选举权的公民，根据自己的意志，按照法定程序，选出国家权力机关代表和国家公职人员的活动。

选举是实行共和制的前提，是人民代表大会制度的起点和组织基础，是发扬民主的重要形式，是组织国家机关和实施国家权力的重要手段与步骤，决定着国家政体和国家性质。

选举权是公民的一项最基本的权利，是衡量一个国家政治民主程度的重要标志。人民当家做主的政治地位，主要是通过行使选举权，选举产生国家权力机关代表来实现的。

人民代表大会的选举制度，是法律规定的选举国家权力机关的代表、权力机关常设机构的组成人员和其他国家政权机构领导成员的原则、方法、组织、程序等有关制度的总称。其中，包括选举的原则和程序、选区划分和选民登记、代表名额的确定和资格限制、选举机构和方法以及监督和罢免制度等。

一、人民代表大会代表的选举

人民代表大会代表选举的第一步，要确定各级人民代表大会代表的名额，然后才能根据代表名额在各选区进行分配，开展人民代表大会代表的选举工作。

人民代表大会发挥职能，要通过人民代表大会代表的活动展开；人民实现对国家事务的管理，需要以人民代表大会代表作为中间环节。人民代表大会代表是联系国家机关和人民群众的纽带。考察人民代表大会制度，离不开对人民代表大会代表本身的了解。

从整体来看，各级人民代表大会由人民代表大会代表组成，发挥整体功能，为使人民代表大会代表群体的整体功能得到有效发挥，必须有一个合适的人民代表大会代表结构。

对于人民代表大会代表个人来说，人民代表大会代表要代表人民行使管理国家政治、社会事务的权力，要履行好代表权利，应具有较高的政治素质和个人能力，这就对人民代表大会代表个人提出了基本要求。

人民代表大会代表群体结构，包括各级人民代表大会及其常务委员会代表名额、政党结构、界别职业结构、知识结构、年龄结构、性别结构等内容。

人民代表大会代表群体结构要考虑多方面因素合理确定。一般来说，需从代表群体结构优化原则出发，考虑人民代表大会代表在人民代表大会中是处在一定的群体结构里，不断优化和完善人民代表大会代表群体结构，推动人民代表大会工作。优化人民代表大会代表群体结构，应遵循以下四个基本原则：

第一，政治原则。优化人民代表大会代表群体结构，首先要以坚持党的路线、方针、政策为指导,把人民代表大会建设成能坚持和贯彻党的基本路线,适应改革开放和现代化建设需要的国家权力机关。人民代表大会代表的群体必须有贯彻执行党的基本路线的自觉性和坚定性,有锐意开拓进取的精神,有积极参政的意愿和议政的能力。

第二,精干原则。人民代表大会应该是一个各类人才荟萃的国家权力机构,应该是各个领域里的优秀人物集聚在一起形成的一个精干的团体。精干的原则不仅表现在单个人民代表大会代表的素质比较高,也表现在全体人民代表大会代表的数量不宜过多。

第三,全面性原则。一个最佳的人民代表大会代表的群体结构,首先应具有广泛代表性的特征。中国宪法和法律赋予人民代表大会的职权,涉及政治、经济、教育、科学、文化、卫生、民政、民族等诸多领域,这对人民代表大会代表的参政议政能力是一个挑战。人民代表大会代表要有效行使职权,从群体结构上看,必须是一个能够驾驭全局和进行战略决策,具有较高的文化水平和广博的知识,充满生机和活力,精力充沛的战斗集体。全面性原则还表现为人民代表大会应当具有各种类型的人民代表大会代表,在阶层上,既要有工人代表、农民代表，也要有知识分子代表；在性别上，要有一定比例的妇女代表；在民族上，要有一定数量的少数民族代表；在年龄上，必须是老、中、青相结合；在职业上，社会的最主要职业都应有各自的代表。

第四，地域原则。优化人民代表大会代表的群体结构，需要照顾各地的实际情况而有所差别，采取因地制宜的原则，适当调整人民代表大会代表名额的分配。例如，以农业为主的地方，懂农业的代表应占较大比例；工业发达的地区，来自工业领域、精通工业生产规律的代表比例应当高一些；在有少数民族居住的地方，要考虑照顾少数民族代表。

总之，要尽可能使每一位人民代表大会代表都能明确自己的职责，自觉履行代表义务，使人民代表大会正常有序地运转。各级人民代表大会代表的数量是决定人民代表大会发挥职能的重要因素，代表数量过多，会影响人民代表大会工作的效率和功能发挥；如果代表人数过少，则不利于使人民代表大会具有广泛代表性。因此，在正式开始选举以前，就必须首先合理确定各级人民代表大会的代表名额，加以合理配置。

在人民代表大会的各个时期，人民代表大会代表的数量不是固定的，各个时期代表人数存在较大差别。从1954年选举第一届全国人民代表大会至今，中国各级人民代表大会代表名额经历了一个由少增多、再由多变少的过程。

宪法规定，全国人民代表大会代表一般不超过3000人。以2013年3月召开的第十二届全国人民代表大会为例，可见现在各地全国人民代表大会代表分配情况：北京市42名，天津市33名，河北省116名，山西省61名，内蒙古自治区53名，辽宁省94名，吉林省58名，黑龙江省84名，上海市50名，江苏省138名，浙江省84名，安徽省104名，福建省62名，江西省76名，山东省162名，河南省159名，湖北省108名，湖南省110名，广东省151名，广西壮族自治区85名，海南省21名，重庆市55名，四川省137名，贵州省66名，云南省87名，西藏自治区17名，陕西省65名，甘肃省49名，青海省18名，宁夏回族自治区18名，新疆维吾尔自治区56名，香港特别行政区36名，澳门特别行政区12名，台湾省暂时选举13名，中国人民解放军265名，其余255名由全国人民代表大会常务委员会依据法律另行分配。

这些全国人民代表大会代表，按比例构成时考虑多种因素：

第一，政党结构。中国实行的是中国共产党领导下的多党合作和政治协商制度，国家政治生活中的党派力量，除了共产党外，还有各民主党派和无党派人士。因此，在各级人民代表大会代表中，中国共产党党员占有较大的比例，比例不低于50%，体现党的执政地位。

第二，界别结构。在人民代表大会中，有工人、农民、知识分子、少数民族、归侨、军人等社会各界人士，进行人民代表大会代表名额分配时，应该有意识地对构成比例进行合理地安排，使中国人民代表大会包括各方面的代表人物。

第三，知识结构。单个人民代表大会代表的知识结构和水平有较大差异。人民代表大会需要将具有不同知识层次、不同工作专长的人民代表大会代表结合起来，形成代表集体整体合理的知识结构。

第四，年龄结构。人民代表大会中不同年龄层次的人民代表大会代表应当有合理的组合。

第五，性别结构。在人民代表大会中，不同性别的人民代表大会代表应该互相补充，互相作用，构成一个和谐、融洽、高效的群体。目前，妇女代表比例偏低，应在今后的各级人民代表大会换届选举中逐步提高比例。

人民代表大会代表的选举有两种情形：一种是县、乡两级人民代表大会代表实行直接选举；一种是设区的市级以上的各级人民代表大会代表实行间接选举，即由下一级人民代表大会选出上一级人民代表大会的代表。

直接选举的人民代表大会代表，选举程序一般包括：设立选举组织机构，划分选区，登记选民，提出人民代表大会代表候选人和确定正式候选人，宣传、介绍候选人，组织投票，确定当选代表和审查代表资格等步骤。

间接选举程序较为简单，它不需要进行选区划分和选民登记，选民的组织工作也容易得多，而有关提名候选人、介绍候选人和投票程序与直接选举的有关程序相似。

除直接选举、间接选举外，还有几种特殊代表的选举。比如说，解放军的人民代表大会代表，香港特别行政区、澳门特别行政区和台湾省的全国人民代表大会代表是按照特殊方法产生的。

中华人民共和国年满18周岁的公民，不分民族、种族、性别、职业、家庭出身、宗教信仰、教育程度、财产状况、居住期限，都有选举权和被选举权。这确保了我国人民代表大会代表选举的普遍性和代表的广泛性。比如，第一届全国人民代表大会的代表，包括了统一战线各阶级和各民主党派的代表人物，包括了工农业劳动模范，武装部队的英雄人物，著名的文学、艺术、科学、教育工作者，工商界、宗教界的代表人物，包括了我国各民族人民的代表，年龄从18岁到90岁以上的都有，在这次会议中甚至还有147名代表，是在旧时代中处在社会最底层的妇女。

改革开放以来，人民群众的选举权和被选举权得到更充分的落实。据统计，我国享有选举权和被选举权的人数，占18周岁以上公民人数的99.97％以上，参选率在90％左右。正是这种代表的广泛性，使得各地区、各阶层、各民族、各方面的群众都能参与到国家政治生活中来，参与到管理国家事务，管理经济和文化事业，管理社会事务上来。

人民代表大会制度的运行方式，有效地保障了人民真正行使当家做主的权利。目前，中国有近290万各级人民代表大会代表，他们都是兼职的，是人民中的一员，工作和生活在亿万人民群众之中，同人民群众保持着密切联系，了解人民群众的意见和要求。人民代表大会坚持以人为本、为民立法，积极推进科学立法、民主立法。

二、人民代表大会常务委员会组成人员的选举

中国县级以上各级人民代表大会设立常务委员会。人民代表大会常务委员会组成人员的选举，全国人民代表大会和地方各级人民代表大会略有不同。

全国人民代表大会常务委员会委员长、副委员长、秘书长、委员候选人，由全国人民代表大会会议主席团从代表中提名，然后经各代表团讨论、协商后，再由大会主席团根据多数代表的意见，确定正式候选人，最后由代表大会全体代表选举产生，一般实行差额选举，但全国人民代表大会常务委员会委员长、副委员长和秘书长实行等额选举。

县以上的地方各级人民代表大会常务委员会的组成人员的人选，由本级人民代表大会主席团或者10人以上人民代表大会代表联合提名；人民代表大会常务委员会组成人员采取差额选举方式，候选人数应比应选人数多10％至20％。如果提名的候选人超出上述差额，由大会主席团将全部候选人名单提交全体代表讨论，根据较多数代表的意见，确定正式候选人名单。

地方人民代表大会常务委员会组成人员候选人提出的

方式与本级人民代表大会选举上一级人民代表大会代表的提名方式有所不同，而与选举"一府两院"组成人员的提名方式一致。选举上级人民代表大会代表，不是由大会主席团提名，而是由各政党、各人民团体或代表10人以上联合提名，大会主席团只是把各政党、各人民团体和代表提出的代表候选人名单提交全体代表反复讨论、协商，根据较多数代表的意见，确定正式代表候选人名单；选举人民代表大会常务委员会组成人员时，候选人由人民代表大会会议主席团或代表10人以上联合提名。

三、其他国家机关代表人的产生

根据宪法的规定，中央其他国家机关负责人由全国人民代表大会产生，并对全国人民代表大会负责。

全国人民代表大会选举任命中央国家机关领导人员，采取无记名投票方式。

地方各级行政机关负责人员的提名方式，与任命中央行政机关负责人员的提名方式有所不同。《中华人民共和国地方各级人民代表大会和地方各级人民政府组织法》规定：省长、副省长，自治区主席团、副主席团，市长、副市长，州长、副州长，县长、副县长，区长、副区长，乡长、副乡长，镇长、副镇长，由本级人民代表大会主席团或者10人以上代表联合提名。中国地方行政机关的负责人采取由人民代表机关选举的方式进行差额选举产生，而不是由选民直接选举产生。

四、监督和罢免制度

选举制度本身包含对人民代表大会代表的监督和罢免制度。

中国各级人民代表大会代表，代表人民的利益和意志管理国家，为了使人民代表大会代表切实履行职责，充分发挥人民代表机关的职能作用，对选举产生的各级人民代表大会代表必须实行有效的监督。

全国人民代表大会和地方各级人民代表大会都由民主选举产生，对人民负责，受人民监督。省、直辖市、设区的市的人民代表大会代表受原选举单位的监督；县、不设区的市、市辖区、乡、民族乡、镇的人民代表大会代表受选民的监督。

全国和地方各级人民代表大会的代表，受选民和原选举单位的监督。选民或者选举单位有权罢免自己选出的代表。

选民和选举单位监督代表，主要是看代表是否模范地遵守宪法和法律，保守国家秘密；是否在自己参加的生产、工作和社会活动中，协助宪法和法律的实施；是否认真听取与反映人民群众的意见和建议；是否忠实履行代表职务等。

选民和选举单位监督代表的形式有很多，如听取代表的工作汇报，向代表提出批评、建议等。但最根本、最重要、最严厉的监督方式是对代表的罢免。

对人民代表大会代表可以进行罢免，是中国人民代表大会制度的重要特点。这是由人民代表大会制度的性质决定的。因为中国的一切权力属于人民，人民只有掌握了对人民代表大会代表的罢免权，才能保证人民代表大会代表按人民意志执行职务，履行职责。对人民代表大会代表的罢免，分为对直选代表的罢免和对间接选举代表的罢免两种。

如果被罢免的人民代表大会代表是人民代表大会常务委员会组成人员或者是专门委员会成员，当人民代表大会代表职务被罢免后，其人民代表大会常务委员会组成人员或者专门委员会成员的职务相应被撤销，由大会主席团或者人民代表大会常务委员会予以公告即可，不需另作其他罢免或撤销职务的决议。

另外,代表资格可因某一法律事件或法律事实终止。

中国人民代表大会代表资格的终止有八种情况:一是迁出或调离本行政区域;二是辞职被接受;三是未经批准两次不出席本级人民代表大会会议;四是被罢免;五是依法被剥夺政治权利;六是丧失国籍;七是死亡;八是任期届满。

乡、民族乡、镇人民代表大会代表资格终止,由代表资格审查委员会向本级人民代表大会报告,由本级人民代表大会予以公告。县级以上各级人民代表大会代表资格终止,由代表资格审查委员会报本级人民代表大会常务委员会,并予以公告。

第二节　人民代表大会的会议制度

举行会议,是人民代表大会行使职能的基本方式,全国人民代表大会会议和地方各级人民代表大会会议是国家政治生活中的大事。

作为中国政治生活中的主体,人民代表大会只有开会,通过法律和决议才具有权力,并显示它的生命力和活力,因此，人民代表大会作用和职权的发挥离不开各项会议制度。

了解人民代表大会制度，就必须了解人民代表大会及其常务委员会的会议制度。

一、会议制度概说

世界各国的权力机关或立法机关，普遍采用会议形式行使职能。

总的来说，外国议会的会议形式主要有以下几种：

第一种是例行会议，简称例会。这是指法律规定必须按时召开的会议。

各国召集例会的制度并不相同，例如每年召集会议的次数就有差别，从一次到多次不等。日本、韩国、菲律宾等国的议会例会是每年召集一次，多数国家的议会一般每年召集两次，如法国、意大利等。有些国家规定得比较灵活，议会每年至少召开一次或一次至两次会议，如美国、新加坡等国即是如此。此外，英国和丹麦等国规定议会常年开会。

中国的人民代表大会会议制度通常就是例会制。

根据中国宪法的规定，全国人民代表大会每年举行一次会议。会议于每年第一季度举行；近年会期逐渐稳定，于每年3月初开始举行。地方各级人民代表大会会议，每年至少举行一次，实际上也通常只举行一次。但现在也有少数地方规定，县、乡两级人民代表大会会议每年至少举行两次。省级人民代表大会会议，一般在全国人民代表大会会议的前后举行。

第二种是临时会议，也称为非常会议或临时国会。是指法律规定例会以外，因临时紧急需要而召集的会议。

临时会议的召集制度，在各国也有不同的规定。如法国宪法规定，例会闭会期间，应总理或国民议会大多数议员请求，可以召开非常会议，应议员要求召开的非常会议最多只能开12天。在非常会议闭会后一个月内，只有总理才有资格要求重新召开非常会议。非常会议，应由总统以命令方式宣布开会和闭会。

中国宪法规定，如果全国人民代表大会常务委员会认为必要，或者有1/5以上的全国人民代表大会代表提议，可以临时召集全国人民代表大会会议。此外，地方各级人民代表大会常务委员会认为必要，或者经过1/5以上人民代表大会代表提议，也可以召集临时会议，会议的召集由人民代表大会常务委员会决定。

到目前为止，全国人民代表大会，还没有召集临时会议的先例。

第三种是特别会议，或称特别国会。这一般是议会在政治危机中，处在被解散的情况下召开，或者因预算没有通过等紧急需要召开。这两种情况，通常出现在内阁制国家。所以特别国会也主要是内阁制国家举行得比较多。特别会议和临时会议，在很多情况下是一样的。但通常而言，临时会议主要解决例会遗留的问题，特别会议则主要解决出现意外情况需要解决的问题。

议会开会，要经过法定的人员或机构宣布召开，这样议会行使权力的活动才是合法的，这就是会议召集。议会由谁来召集，怎样召集，这涉及议会中权力的分配问题，对此各国有不同规定。

总结起来，世界各国议会的召集时间、召集人和召集方式大致有以下几种情形：

第一，议会在宪法规定的日期开会。多数国家采取这种做法。如美国，国会每年至少开会一次，开会日期除以法律另订日期外，应于1月3日正午开始举行。

第二，议长召集会议。如德国，联邦议院会议的闭会和复会由联邦议院决定,由议长提前召集举行。

第三,由总统或政府召集。如印度,总统在认为合适的时间和地点,可以召集议会任何一院开会。总统还可以随时宣布议会两院或任何一院闭会。

第四,由议员召集。许多国家规定,一定数量的议员有权要求召集议会,应需议员数量从1/3到1/5不等。不过,议员通常只能召集临时会议,例会一般不能由议员召集。

第五,混合方式。会议由两种或两种以上方式召集。如比利时,议会两院应于每年10月的第二个星期二自行举行会议。但国王在此之前,召集的两院会议除外。一般说,这种召集议会的方式,以总统、政府召集为主,同时也承认议员的会议召集权。

在中国,宪法、《全国人民代表大会组织法》和《地方各级人民代表大会和地方各级人民政府组织法》规定,县级以上各级人民代表大会会议,由相应的人民代表大会常务委员会召集,每届人民代表大会第一次会议,由上届人民代表大会常务委员会召集。乡、镇人民代表大会会议,由上次代表大会选举产生的主席团负责召集。至于召集会议的时间,全国人民代表大会会议,在每次大会召开之前,由全国人民代表大会常务委员会通过召开人民代表大会时间问题的决议。

根据十多年来形成的惯例，全国人民代表大会会议，一般于每年的3月初召开，省级地方人民代表大会会议，一般在全国人民代表大会会议前召开，少数地方，在全国人民代表大会会议召开后举行。

会议会期就是开会持续的时间。会期的长短，对议会作用的发挥有很大影响。关于会议会期的长短，各个国家规定不一，半数国家的议会会期都在半年以上。

中国人民代表大会的会期，在宪法和法律中没有明确规定，但是根据以往全国人民代表大会会期的情况，会期一般为半个月，绝大多数的会期在12天到20天之间，这还包括星期天的休会时间在内。

与世界各主要国家的议会会期相比，中国人民代表大会的会期是最短的。因此有人认为，适当延长人民代表大会的会期，使之有更充分的时间审议国家多项重要事务，有利于进一步发挥人民代表大会在中国社会政治生活中的作用。

中国人民代表大会的会议形式，主要包括代表大会会议、常务委员会会议和专门委员会会议三种。

二、代表大会会议

代表大会会议，是指全体人民代表大会代表出席的会议。

中国宪法和有关法律规定，全国人民代表大会每年举行会议，对国家政治生活中的大事进行审议，对重大法律的通过和修改进行表决，行使管理国家的权力。

全国人民代表大会会议分为准备阶段、预备会议、会议开幕、会议运行和结束几个阶段。

准备阶段要完成全国人民代表大会会议的组织准备、文件准备和会务准备等工作。其中，组织准备是法定的准备工作。组织准备要提出会议议程草案；提出大会主席团和秘书长名单草案；决定列席会议人员名单；组织代表团；审查代表资格。而全国人民代表大会会议准备的文件，主要包括有关部门起草好提交代表大会的各项工作报告，拟订的各项议程草案、决定草案、决议草案，人事选举任免候选人的介绍、推荐材料等。

全国人民代表大会每次会议，举行前要召开预备会议。预备会议，由全国人民代表大会常务委员会主持，新一届全国人民代表大会第一次会议的预备会议，由上届全国人民代表大会常务委员会主持。地方各级人民代表大会的预备会议也类似。

预备会议的主要任务是选举本次人民代表大会会议的主席团和秘书长，通过会议议程和关于会议的其他准备事项的决定。

全国人民代表大会会议，应有2/3以上的代表出席才能开始举行。代表大会举行会议时，代表应当出席。因病或因其他特殊原因不能出席的，必须请假。大会执行主席团根据报到人数，向大会报告代表总数和实到代表人数，经确认，达到法定人数后才能宣布会议开始。

就会议形式来说，人民代表大会主要有主席团会议、大会全体会议、代表团会议、代表团小组会议和特别会议。

主席团第一次会议，由全国人民代表大会常务委员会委员长召集并主持。以后的会议，由主席团常务主席团召集和主持，主席团全体成员参加。必要时，还可吸收各代表团团长和代表团推选的代表参加。主席团是全国人民代表大会会议的领导机构，它负责主持全国人民代表大会会议。会议的主席团的决定，以主席团全体成员的过半数表决通过。

大会全体会议,是人民代表大会行使权力的基本形式,也是人民代表大会行使权力最主要的、决定性的场所。大会全体会议的任务主要是:听取报告和议案的说明,投票选举和表决议案。根据有关规定,全国人民代表大会代表,在大会全体会议上每人可发言两次,第一次不超过10分钟,第二次不超过5分钟;要求在大会上发言的代表,应在会前向大会秘书处报告,由大会执行主席团安排发言顺序;临时要求发言的,应得到大会执行主席团允许方可发言。

代表团全体会议,由代表团团长召集并主持。会议的任务是:集中审议各项议案;通过以代表团名义提出的议案、质询案、罢免案等;听取代表团团长传达主席团会议的决定和意见。代表团可推派代表或由代表团团长推派代表到主席团会议或大会全体会议上,代表代表团对审议的议案发表意见。采取上述行动,都需要召开代表团全体会议,由代表团全体代表过半数通过作出决定。

代表团小组会议,是全国人民代表大会代表审议议案的主要会议形式。由于一些代表团人数较多,不便展开对议案的细致审议,所以全国人民代表大会开会时,除西藏、青海、甘肃、宁夏、香港、澳门、台湾等地的代表团,由于人数较少不分小组开会外，其他代表团一般分小组召开会议审议议题。小组会议推选召集人，轮流主持会议。小组会议的作用是讨论各项议案。

代表大会各专门委员会是代表大会的常设工作机构。它们根据分工，大会期间召开专门委员会会议，审议大会上与本专门委员会有关的议案、大会主席团交付的议案进行专门性审查。

全国人民代表大会的常规议题，主要有：听取并审议政府工作报告；听取并审查、批准本年度国民经济和社会发展计划，以及上一年度国民经济和社会发展计划执行情况的报告；听取并审查、批准本年度国家预算和上一年度预算执行情况的报告；听取并审议人民代表大会常务委员会工作报告；听取并审议人民法院的工作报告；听取并审议人民检察院的工作报告；审议通过法律议案；审议通过有关重大事项决定议案；选举、决定任免事项；听取其他情况的报告和汇报。

此外，每次代表大会还有些临时性议题，如会议期间提出的质询案，会议期间有关机关提出的临时议案，等等。

全国人民代表大会常务委员会、国务院、最高人民法院和最高人民检察院在每年全国人民代表大会会议期间，要向会议提出工作报告，在经各代表团审议后，由大会作出相应的决议。

在各国家机关向人民代表大会会议作出工作报告以后，各代表团或代表小组举行会议进行审议。在代表团审议过程中，报告部门应派人到各代表团听取意见，并回答询问。

报告部门应根据代表团会议或小组会议，对上述各项报告的讨论意见和专门委员会的审查意见、对报告进行必要的修改，作为最后提交大会表决的报告草案。大会秘书处根据讨论、审议、审查的意见，拟订提交大会全体会议表决的决议草案。

人民代表大会代表的一项重要职权，就是提出议案、建议、批评和意见。这些是人民代表大会代表，对国家机关工作和国家、社会事务的看法与要求，一般不列入人民代表大会议题，但政府有关部门对人民代表大会代表的议案、建议等必须认真对待，并妥善处理。

根据有关规则，全国人民代表大会30名以上代表联名，县级以上地方各级人民代表大会10名以上代表联名，乡、镇人民代表大会代表5人以上联名，可以向本次人民代表大会会议提出大会职权范围内的议案。此外，每个代表可以单独或联名向大会提出建议、批评和意见。提议案截止时间，由大会主席团第一次会议确定。

人民代表大会代表提出的议案、建议、批评和意见送交大会议案组处理。大会议案组根据议案标准，先分出议案与建议、批评和意见。大会秘书处负责人，根据上述分类处理情况和专门委员会审查意见，向大会书面报告提议案、建议、批评和意见的总情况。大会期间提出的建议、批评和意见，以及作为建议、批评和意见处理的议案，在会后由办公厅分门别类交有关部门办理并答复代表。议案以及建议、批评和意见的处理情况，都要向人民代表大会常务委员会口头或书面报告，并向下次人民代表大会会议提出书面报告。

三、人民代表大会常务委员会会议

1987年制定的《全国人民代表大会常务委员会议事规则》规定，全国人民代表大会常务委员会会议，一般每两个月举行一次。有特殊需要时，可以临时召集会议。现在，全国人民代表大会的常务委员会会议，每两个月举行一次。会期长短，根据会议审议的内容确定，一般在一周左右。

《地方各级人民代表大会和地方各级人民政府组织法》规定，县级以上的地方各级人民代表大会常务委员会会议，每两个月至少举行一次。从实际情况看，各地基本上都能依法召开会议。

全国人民代表大会常务委员会会议由委员长召集并主持，委托副委员长主持会议。常务委员会会议，必须由常务委员会组成人员过半数出席才能举行。举行会议时，常务委员会组成人员，除因病或其他特殊原因请假以外，应当出席会议。

全国人民代表大会常务委员会的议程草案，由委员长会议拟订，提请常务委员会全体会议决定。一般是每次常务委员会开会前，由组成人员通过。常务委员会举行会议时，应当在会议举行7日以前，将开会日期、建议开会讨论的主要事项，通知常务委员会组成人员。临时召集的会议临时通知。

常务委员会行使职权，有全体会议、分组会议和联组会议三种形式。

常务委员会全体会议，是常务委员会全体组成人员参加的会议，它是常务委员会行使职权的、具有决定性意义的会议形式。全体会议由委员长或主任主持，或委托副委员长、副主任主持。职能有：听取提交大会审议的议案说明；听取向常务委员会所作的各项工作报告、汇报等；进行投票表决，就各项法案、议案、人事任免案和有关报告进行表决等。

常务委员会分组会议，是将到会的常务委员会组成人员，分成若干会议小组，对议案进行审议，列席会议人员也分组参加会议。分组会议，由指定的若干召集人轮流主持，召集人一般由一些资深的常务委员会委员担任。分组会议的职能是：对提交常务委员会审议的法案和其他议案进行充分讨论，对政府、人民法院、人民检察院向常务委员会作的工作报告及汇报进行审议，讨论人事任免事项等。

联组会议形式上和全体会议一样，也是常务委员会全体组成人员参加，由委员长、主任或一位副委员长、副主任主持，所不同的是开会内容。联组会议的主要内容有两项：一是听取与审议有关专门委员会对法律案和其他议案的审议意见及修改意见的汇报；二是在分组讨论各项议案的基础上，各组再集中共同审议，特别是对议案中的重点问题和不同意见，展开进一步的讨论。

全国人民代表大会常务委员会会议的一般议题，主要包括：审议、通过法律草案；审议、批准国民经济和社会发展计划、国家预算执行中的部分调整方案；就重大事项作出决定、决议；决定和批准人事任免事项；听取行政、司法机关及有关部门的工作报告、汇报和有关问题的说明；听取政府处理有关重大问题的汇报和报告；就法律实施和执法检查作出决定、决议或听取汇报；审议有关人民代表大会自身建设的议题；决定对外事务的议题；有关宪法和法律解释问题的议案。

全国人民代表大会常务委员会会议听取、审议报告和汇报包括两种情况：一是听取和审议"一府两院"及有关部门，就某项专门工作的汇报或报告；二是人民代表大会各专门委员会或常务委员会成员，关于执法情况的汇报或报告。

全国人民代表大会常务委员会会议，听取"一府两院"及有关部门的专门工作汇报或报告时，在议程中又有两种情况：一是只在常务委员会上作口头或书面汇报或报告，不作为议题进行审议，另一种是汇报或报告被列入议题，常务委员会在听完汇报或报告后，即分组进行讨论。

听取汇报或报告的一般程序通常是：先由政府负责人或政府所属有关部门、人民法院、人民检察院负责人向常务委员会全体会议进行汇报或作工作报告。然后，分组讨论。讨论中，常务委员会委员可就汇报或报告中的问题，提出建议、批评和意见，要求报告部门到会认真听取意见，并根据提出的建议、批评和意见回去改进工作。

在常务委员会会议开会期间，常务委员会成员可联名提出质询，如有必要，还可组织特定问题调查委员会。常务委员会会议上，按照议事规则，常务委员会成员和列席人员可以广泛发表意见，但为了保证会议效率，全国人民代表大会常务委员会议事规则规定，在全体会议上的发言不超过10分钟；联组会议上第一次发言不超过15分钟，同一问题的第二次发言不超过10分钟；如果发言人事先请求，经会议主持人许可，可适当延长发言时间。

常务委员会会议通过表决案，以全体组成人员半数以上同意为原则，结果由会议主持人当场宣布。在有修正案时，应当先表决修正案再表决议案。表决议案的法定方式，为无记名投票、举手表决或其他方式。目前，对于法案、决议案和人事任免等重大事项，全国人民代表大会常务委员会会议，已全部采用电子表决器的方式表决。

人民代表大会，在实践中形成了对常务委员会会议的列席、旁听等制度。

全国人民代表大会常务委员会会议期间，下列人员可以列席会议：国务院、中央军事委员会、最高人民法院、最高人民检察院的负责人；不是常务委员会委员的各专门委员会主任委员、副主任委员、委员；各省、自治区、直辖市的人民代表大会常务委员会主任或副主任一人；必要时邀请与常务委员会审议议题有关的全国人民代表大会代表列席；有关部门负责人。

旁听制度，是国家权力机关的重要会议制度，也是重要的民主制度。它可以提高国家权力机关决策的透明度，有利于人民代表大会及其常务委员会接受人民群众的监督。现在，全国人民代表大会常务委员会会议，旁听还只限于邀请工会、共青团和妇联等人民团体及群众组织的有关人员参加。但是，不少地方人民代表大会常务委员会会议，已向公众开放旁听。

四、专门委员会会议

这里的专门委员会会议，是指全国人民代表大会会议和全国人民代表大会常务委员会闭会期间的专门委员会会议。

未设专门委员会的地方各级人民代表大会，没有专门委员会会议。

专门委员会是全国人民代表大会的常设工作机关，在全国人民代表大会和全国人民代表大会常务委员会开会及闭会期间都可以运作。专门委员会，在全国人民代表大会开会期间，受代表大会领导；全国人民代表大会闭会期间，受全国人民代表大会常务委员会领导。

通常专门委员会的开会、活动分两种情况：

一种情况是，全国人民代表大会开会期间，为代表大会做些准备和辅助性工作。主要是向代表大会提出议案，并为各项议案提供必要的背景材料；处理大会主席团交付专门委员会审议的议案，并提出审议结果的报告。

另一种情况是，在全国人民代表大会闭会期间，专门委员会向全国人民代表大会常务委员会提出与常务委员会有关的议案；审议常务委员会交付的议案，并作出审查报告，或提出审议意见和建议；起草法律草案；对行政、司法机关执法情况进行检查，听取它们的工作汇报；处理全国人民代表大会代表提出的建议、批评和意见。

根据有关专门委员会的议事规则或工作规则或规定，各专门委员会开会决定问题，有委员会全体会议和委员会主任委员办公会议两种形式。

委员会全体会议，通常每月举行一次。个别专门委员会，规定每两个月举行一次，如有需要可临时召集会议。全体会议的主要工作任务是：讨论、决定专门委员会职责范围内的重大问题；研究、讨论常务委员会或委员长会议交付的各项工作；听取"一府两院"有关部门的工作汇报等。委员会全体会议，由专门委员会主任委员召集，有会议决定时，需有半数以上委员参加才能有效，表决有关决定生效的法定人数为全体委员过半数。

委员会主任委员办公会议的召开时期，各专门委员会规定不一样，有的委员会规定半个月召开一次，有的委员会规定不定期召开。委员会主任委员办公会议的主要任务大致包括：落实常务委员会会议或委员长会议交办的事项；确定委员会全体会议的议题；决定委员会工作计划等。有的委员会规定，主任委员办公会议可提出本委员会工作范围的议案，交委员会审议，并决定委员会组成人员提出的议案，是否提交委员会全体会议审议。委员会主任委员办公会议，由主任委员、副主任委员组成。

第三节　人民代表大会的联系制度

人民代表大会代表行使职权，一方面是在人民代表大会不同会议上，通过各种方式体现，另一方面，也有赖于平时的大量活动和工作。人民代表大会代表通过调查、视察、接待信访、广泛听取群众意见和呼声等方式，与人民群众建立广泛联系。

通过与人民群众的联系，来达到正确表达人民意志、维护人民利益的目的。因此，人民代表大会的联系制度，是人民代表大会制度建设的重要组成部分，具有非常重要意义。

目前，中国人民代表大会的联系制度还处在探索、完善过程中，已经比较成型的制度主要有：视察制度、联系代表制度和接待人民群众来信、来访制度。

一、人民代表大会代表视察制度

中国的人民代表大会代表一般是兼职的。人民代表大会工作只是代表工作的一部分，代表大多数时间，用在自己的本职工作岗位上。因此，人民代表大会代表没有专门时间与精力了解群众的要求和呼声。

为增进人民代表大会代表与人民群众的联系，人民代表大会代表视察制度应运而生。

人民代表大会代表视察制度，是在建国初期，政协委员视察工作的基础上逐渐发展、完善起来的，经过60余年的发展，现在已经成为中国人民代表大会代表与人民群众联系的重要方式。

人民代表大会代表的视察方式，以前主要是：由人民代表大会常务委员会组织代表集中视察。现在，已变成组织人民代表大会代表，集中视察与人民代表大会代表持证分散视察相结合。

全国人民代表大会代表的视察，通常每年在全国人民代表大会会议召开前，由全国人民代表大会常务委员会统一部署。各省、自治区、直辖市人民代表大会常务委员会，组织当地的全国人民代表大会代表在各地视察。同时，人民代表大会代表也可以持证，利用业余时间或结合工作，就地、就近进行经常的、分散的视察活动。

人民代表大会代表视察的内容，一般包括：了解宪法和法律实施情况；国民经济与社会发展计划和预算计划的贯彻执行情况；人民代表大会常务委员会决议、决定贯彻执行情况；政府和人民法院、人民检察院的工作情况，以及群众的意见和要求等。人民代表大会代表持证分散视察的时候，也可以结合人民代表大会常务委员会和政府的工作重点，以及本人的兴趣、专长自行确定视察内容。

全国人民代表大会代表的集中视察，由全国人民代表大会常务委员会办公厅统一安排，各省级人民代表大会常务委员会具体组织。人民代表大会代表单独持证视察，由代表自行确定。既可个人单独行动，也可以多人一起视察；既可自行联系视察；也可由当地人民代表大会常务委员会协助联系。人民代表大会代表持证视察一般采取就地、就近的原则，应在其居住或工作的范围内视察。

因为人民代表大会代表绝大多数是兼职代表，人民代表大会代表视察应该尽量采取不脱产视察的方式，并且注意在平时，保持与选举单位和人民群众的密切联系，听取人民群众的意见和要求。人民代表大会代表也可自行安排脱产进行视察，但脱产视察的时间不宜过长，通常为半个月。人民代表大会代表一般到基层单位视察，直接同群众联系，视察时，可要求被视察单位比较熟悉情况的干部或负责人如实介绍情况，也可以请当地人民代表大会常务委员会协助联系，安排约见地方政府负责人,地方政府领导人可以亲自会见,也可指定专人会见。

全国人民代表大会代表,在视察中发现和提出的意见及建议,凡地方可以处理的,交地方人民代表大会常务委员会转有关部门研究处理;需中央有关部门处理的,交全国人民代表大会常务委员会办公厅转有关部门研究处理。各有关部门,在收到人民代表大会代表视察的意见或建议后,应认真处理,并及时答复人民代表大会代表。

人民代表大会代表持证进行分散视察,一般不报销差旅费和伙食补助费。但应对参加视察的人民代表大会代表,给予物质上的便利,在人民代表大会代表外出视察期间,所在单位照发工资和奖金。

人民代表大会代表视察,是其权利,同时也是其履行代表职责的方式。因此,对人民代表大会代表视察,各级领导和群众不应组织迎送,不举行宴会,不得赠送礼品,不组织专场文艺晚会。

二、人民代表大会代表联系制度

人民代表大会代表联系制度,包括三方面的内容:一是本级人民代表大会常务委员会与人民代表大会代表及其选举单位的联系；二是选举单位与人民代表大会代表的联系；三是人民代表大会代表与选举单位和选民的联系。

人民代表大会代表联系制度的建立，有利于密切常务委员会与人民代表大会代表之间的联系，密切人民代表大会代表与人民群众之间的联系，也有利于人民代表大会代表参政、议政，更广泛地反映广大人民群众的利益和要求。因此，加强人民代表大会代表联系工作，对整个社会主义民主政治建设、对人民代表大会工作和广大人民代表大会代表的工作，都有重要的积极意义。

中国人民代表大会代表的联系制度，是在长期的人民代表大会工作实践中，逐步形成和发展起来的。

1987年，全国人民代表大会常务委员会提出了《关于全国人民代表大会常务委员会加强同代表联系的几点意见》，由第六届全国人民代表大会常务委员会第二十一次会议讨论修改后施行，对全国人民代表大会常务委员会的代表联系制度作了具体的规定，具有指导意义。

在《关于全国人民代表大会常务委员会加强同代表联系的几点意见》中，对全国人民代表大会常务委员会联系代表制度，有以下几个方面的具体规定：

第一，联系人民代表大会代表的原则。

全国人民代表大会代表，由全国人民代表大会常务委员会和省级人民代表大会常务委员会共同联系。这是由于全国人民代表大会代表，由省、自治区、直辖市、特别行政区和解放军选举产生，要受原选举单位的监督。

全国人民代表大会常务委员会，主要和全国人民代表大会代表的选举单位联系，同时也通过各种有效方式，直接联系全国人民代表大会代表，以及通过各省、自治区和直辖市人民代表大会常务委员会，间接联系全国人民代表大会代表。各省级人民代表大会常务委员会，有义务经常保持和本单位选出的全国人民代表大会代表的联系。

第二，联系内容。主要围绕全国人民代表大会及其常务委员会审议、讨论、决定的问题，征求全国人民代表大会代表的意见，进行调查研究。具体说，是就立法、监督问题，通过全国人民代表大会代表的渠道，反映人民群众的意见，维护人民群众的利益。

第三，联系方式。全国人民代表大会常务委员会，联系全国人民代表大会代表的主要方式有七种：第一种，请省级人民代表大会常务委员会负责同志，列席全国人民代表大会常务委员会。每次全国人民代表大会常务委员会会议，应请各省、自治区、直辖市人民代表大会常务委员会负责人列席；第二种，邀请全国人民代表大会代表，列席全国人民代表大会常务委员会会议。全国人民代表大会常务委员会举行会议时，可以邀请对所审议议案，比较了解的部分全国人民代表大会代表列席会议，参与讨论，直接听取全国人民代表大会代表的意见；第三种，举行全国人民代表大会代表座谈会。全国人民代表大会常务委员会和各专门委员会，根据需要，举行全国人民代表大会代表座谈会，邀请有关全国人民代表大会代表出席。全国人民代表大会常务委员会组成人员及各专门委员会委员和常务委员会办事机构工作人员，到外地调研时，可同当地全国人民代表大会代表座谈，或走访全国人民代表大会代表，听取他们的建议和意见，并及时向全国人民代表大会常务委员会汇报；第四种，加强常务委员会与全国人民代表大会代表的联系。居住在各省、自治区、直辖市的全国人民代表大会常务委员会组成人员，应保持同当地人民代表大会常务委员会和全国人民代表大会代表的联系，向他们介绍全国人民代表大会常务委员会的工作情况，听取他们的意见和建议；第五种，组织全国人民代表大会代表，进行专题调查。全国人民代表大会常务委员会和各专门委员会，在围绕常务委员会审议议题，进行专题调查时，可以邀请有关全国人民代表大会代表参加；第六种，认真处理全国人民代表大会代表的建议和意见。全国人民代表大会常务委员会办事机构，应同其他国家机关的办事机构保持密切联系，共同认真处理全国人民代表大会代表，在全国人民代表大会期间以及视察中提出的建议、批评和意见。有关部门处理的建议、批评和意见，应要求对方在规定时间内，作出认真答复；第七种，为全国人民代表大会代表提供信息资料。全国人民代表大会常务委员会，通过的法律和决议、决定，应及时印发全国人民代表大会代表。常务委员会办事机构，应尽量多给全国人民代表大会代表发放资料，帮助他们了解全国人民代表大会常务委员会的工作及有关情况。

省级地方人民代表大会常务委员会，负责全国人民代表大会代表的日常联系工作。其联系方式包括五种：其一，征求并反映全国人民代表大会代表的意见。各省、自治区、直辖市人民代表大会常务委员会负责人，在列席全国人民代表大会常务委员会会议前，应围绕要审议的议案，征求当地的全国人民代表大会代表的意见，向全国人民代表大会常务委员会反映；全国人民代表大会常务委员会会议后，应向当地全国人民代表大会代表传达会议的重要内容；其二，邀请全国人民代表大会代表列席会议。省、自治区、直辖市人民代表大会开会时，可以邀请本单位选出的全国人民代表大会代表列席。各省级人民代表大会常务委员会，在安排省级人民代表大会代表视察或其他重大活动时，可邀请当地的全国人民代表大会代表参加；其三，受托组织全国人民代表大会代表的活动。省级地方人民代表大会常务委员会，可接受全国人民代表大会常务委员会委托，组织全国人民代表大会代表进行视察，从事专题调查研究；还可召开座谈会，征求全国人民代表大会代表对地方行政规章草案的意见。负责联系代表小组，协助安排代表小组的活动；其四，协助安排视察。全国人民代表大会代表进行分散视察时，各省级人民代表大会常务委员会根据全国人民代表大会代表的要求，协助联系和安排；其五，负责处理全国人民代表大会代表，在视察时提出的，应由本地解决的建议和意见。

为便于联系全国人民代表大会代表和组织活动，在一些全国人民代表大会代表较集中的城市和地区，由各省级人民代表大会常务委员会按行业、工作单位或居住状况，组成若干代表小组，每组推荐1—3名召集人。

代表小组活动的主要内容是：学习、宣传宪法和法律；开展就地视察；进行调查研究；了解各项法律的贯彻实施情况；听取群众的意见和要求，并及时向当地人民代表大会常务委员会和全国人民代表大会常务委员会办公厅反映。

人民代表大会代表，是人民的代表，来自人民，代表人民的利益和要求。人民代表大会代表，始终保持与人民群众的密切联系，是人民代表大会制度的生命力之根本。如果人民代表大会代表，不联系人民群众，不去了解、反映人民群众的意愿，不去表达人民的利益，就没有人民代表大会代表和代表制度存在的必要。因此，必须通过各种途径，保持人民代表大会代表和人民群众的密切联系。

至于人民代表大会代表与选民及选举单位的联系，《关于全国人民代表大会常务委员会加强同代表联系的几点意见》有以下规定：第一，人民代表大会代表，应同选举单位保持密切联系，接受选举单位的监督，积极参加当地人民代表大会常务委员会安排的有关活动；第二，人民代表大会代表，要紧密联系群众，主动听取人民群众的意见与要求，就人民群众关心的问题和涉及人民群众利益的问题，向全国人民代表大会常务委员会和地方各级人民代表大会常务委员会反映情况，提出意见、批评和建议。但应该注意，人民代表大会代表一般不直接处理问题；第三，每次全国人民代表大会会议闭会后，人民代表大会代表，要及时向所在工作单位和群众传达大会精神，了解大会决议及法律的贯彻实施情况；第四，人民代表大会代表，可以同人民群众座谈，宣传全国人民代表大会常务委员会通过的法律和决议、决定的内容与意义，并跟踪了解其贯彻实施情况，向全国人民代表大会常务委员会反映。

全国人民代表大会常务委员会和各省、自治区、直辖市人民代表大会常务委员会，都设立了专门的人民代表大会代表联络机构。全国人民代表大会常务委员会，为代表小组活动提供物质上的便利。人民代表大会代表的公务活动费用，由省级人民代表大会常务委员会，按规定统一向全国人民代表大会常务委员会办公厅报销。

三、人民代表大会的信访制度

信访制度，是人民代表大会联系人民代表大会代表，联系人民群众的一种直接形式，又是人民代表大会作为民意机关传达民意的重要渠道。

通过信访制度，人民代表大会抓住群众反映的一些"热点"、"焦点"问题，进行分析研究，督促"一府两院"及时解决，提高了人民代表大会在人民群众心目中的地位。更重要的是，使人民代表大会维护宪法和法律，保护公民权利的职能作用得到了发挥。

全国人民代表大会常务委员会办公厅，设有信访局，专门受理人民群众的信访工作。其主要任务是：负责接待人民群众向全国人民代表大会常务委员会及其领导同志的来信来访；负责向全国人民代表大会常务委员会的领导及中央有关领导反映人民群众的批评、建议；负责调查和处理领导交办和人民群众反映的重要问题。全国人民代表大会常务委员会办公厅信访局，由一位常务委员会副秘书长负责分管。

通常来说，全国人民代表大会常务委员会办公厅信访局，受理下列五种群众信访：第一种，对全国人民代表大会及其常务委员会制定通过的宪法、法律与决议、决定提出的意见和建议，以及对国家立法工作提出的意见和建议；第二种，对国家民主法制建设与人民代表大会制度建设，提出的意见和建议；第三种，对全国人民代表大会及其常务委员会选举决定与批准任命的国家机关组成人员违法行为的检举和控告；第四种，对国务院、中央军事委员会、最高人民法院、最高人民检察院工作的批评、意见和建议；第五种，对一切国家机关、组织、政党、企事业单位，违反宪法与法律行为的申诉、控告、批评和意见。

在实际工作中，全国人民代表大会常务委员会受理的群众来信、来访，还不止上述范围。许多人民群众，对各级行政机关的建议、批评，对各级政府和司法机关及工作人员的控告、检举和申诉案件，也向全国人民代表大会常务委员会办公厅信访局提交。虽然这些工作，超出人民代表大会常务委员会信访工作范围，但信访机构也不应推诿，而要采取妥善措施，合理处置。

对于群众信访，信访部门应根据不同情况妥善处理。凡是人民群众对违宪违法行为的控告，对立法的批评、意见和建议，对中央各国家机关提出的重要建议、批评和意见，对全国人民代表大会及其常务委员会选举、决定和批准任命的国家机关组成人员的申诉、控告，信访部门都应及时报告全国人民代表大会常务委员会领导机构，由它作出决定交全国人民代表大会或全国人民代表大会常务委员会处理，或交有关部门处理。

和对群众信访应及时报告全国人民代表大会常务委员会领导机构进行处理的方式不同，对其他一般的信访的处理方式更灵活、多样，主要有：转交有关机关办理，不需要报告处理结果；转交有关机关办理，并要求报告处理结果；当承办机关处理不当时，可要求其补充说明情况，或重新调查处理；必要时，协助有关机关进行调查，提出处理建议，由主管部门处理；对重大案件和特殊案件，报全国人民代表大会常务委员会决定。对全国人民代表大会常务委员会信访部门转交有关机关办理，并要求汇报结果的申诉、控告和检举案件，各承办机关应及时办理，在6个月内报告处理结果。

人民代表大会信访工作，还很不完善，工作难度大，效率还不高。如何解决存在的这些问题，是改进人民代表大会信访工作的很重要方面。这一方面，有赖于从制度上提高人民代表大会及其信访机关的权威；另一方面，也有赖于相关执行机构的积极配合。只有各方共同努力，才能进一步改进和完善人民代表大会信访工作。